网络语言在高职院校中的传播研究

王毅 著

中国商务出版社

·北京·

图书在版编目（CIP）数据

网络语言在高职院校中的传播研究 / 王毅著 .
北京 : 中国商务出版社 , 2024. 9. -- ISBN 978-7-5103-
5323-9

Ⅰ . H034

中国国家版本馆 CIP 数据核字第 2024YX7718 号

网络语言在高职院校中的传播研究

王毅　著

出　　　版：中国商务出版社有限公司

地　　　址：北京市东城区安定门外大街东后巷 28 号　邮编： 100710

网　　　址：http://www.cctpress.com

联系电话：010-64515150（发行部）　　　010-64212247（总编室）
　　　　　　010-64515210（事业部）　　　010-64248236（印制部）

责任编辑：周青

排　　　版：北京嘉年华文图文制作有限责任公司

印　　　刷：北京印匠彩色印刷有限公司

开　　　本：710 毫米 ×1000 毫米　1/16

印　　　张：15.5　　　　　　　　　　字　　数：213 千字

版　　　次：2024 年 9 月第 1 版　　　　印　　次：2024 年 9 月第 1 次印刷

书　　　号：ISBN 978-7-5103-5323-9

定　　　价：79.00 元

前言

　　网络语言在高职院校中的传播是一个值得深入探讨的话题。随着互联网技术的快速发展和普及，网络语言作为一种新兴的语言，在高职院校中迅速传播并广泛使用。网络语言具有简洁、幽默、创新等特点，深受青年学生的喜爱。高职院校作为培养技能型人才的重要场所，网络语言的传播既带来了积极影响，也引发了一些问题，值得进行系统研究。互联网已成为学生获取信息、进行社交和娱乐的重要平台，而网络语言作为互联网文化的重要组成部分，随之在校园中广泛传播。高职院校的学生群体大多为年轻人，他们对新事物的接受能力强，网络语言以其独特的表达方式和丰富的内涵，迅速在这一群体中流行。此外，高职院校的课程设置和教学模式较为灵活，学生在网络上的互动频繁，这些都为网络语言的传播提供了便利条件。

　　网络语言以其新颖的表达方式和灵活的语法结构，激发了学生的语言创造力和表达欲望。一些网络语言甚至成为学生交流的重要工具，丰富了校园语言文化。然而，网络语言在传播过程中也带来了一些负面影响。部分网络语言含有不规范的词汇和低俗的内容，对学生的语言表达和价值观产生了不良影响。学生在使用网络语言时，容易形成语言表达习惯，忽视了规范用语的重要性，甚至在正式场合也使用网络用语，影响了语言表达的严谨性和准确性。教师在课堂上应关注学生的语言使用情况，适时引导学生正确使用网络语言，增强他们的语言表达的规范意识。教育管理者可以通过开展网络语言的专题讲座和讨论活动，帮助学生正确认识和使用网络语言，提高其语言应用能力和文化素养。同时，学校应加强对网络文化的引导，鼓励学生积极参与健康向上的网络活动，避免因网络语言使用不当带来的负面影响。

本书旨在系统地探讨网络语言在高职院校中的使用现状、传播特点及其对学生、教学和校园文化的影响。随着信息技术的迅猛发展，网络语言已成为高职院校学生日常交流的重要工具，它不仅影响着学生的语言表达能力，还渗透到课堂教学和校园文化中。因此，深入研究网络语言在高职院校中的传播，对提升教育质量和优化校园文化结构具有重要意义。本书内容涵盖了网络语言的基本概念、发展历程、分类与类型，以及其在高职院校中的使用现状、对学生语言表达能力和心理健康的影响、在课堂中的应用、对校园文化的影响、传播媒介与渠道、传播特点与规律、管理与规范等方面。通过这些内容的系统阐述，读者可以全面了解网络语言在高职院校中的使用情况，为其实际教育工作提供理论依据和实践指导。

笔者在写作本书的过程中，借鉴了许多前辈的研究成果，在此表示衷心的感谢。由于本书需要探究的内容比较多，对一些相关问题的研究可能不透彻，加之写作时间仓促，书中难免存在一定的疏漏，恳请前辈、同行以及广大读者斧正。

作者

2024年7月

目录
▶ CONTENTS

第一章
网络语言的概述

第一节　网络语言的定义、特点与功能

一、网络语言的定义

究竟什么是网络语言？如何准确地界定网络语言？语言学家们对这些问题进行了丰富的讨论和研究。

学者们根据研究的需要，对网络语言进行了不同角度的诠释。2001年，语言文字应用研究专家于根元接受中央电视台访谈时对网络语言的相关问题做了解答。他指出，与网络或者网络活动相关的语言就是网络语言。网络语言在内容上包括词汇和语体两个方面，词汇指网络语言词汇，而语体主要涵盖了网络文学、网络新闻以及网络广告。同年，英国语言学家戴维·克里斯特尔（David Crystal）也提出了网络语言（Net speak）的概念，他认为英语网络语言（English Net speak）是语言的一种变体，这种语言变体在以互联网为主要介质的环境中产生，并且具有网络属性以及全球化和互动性等特征。

随着互联网以及网络语言的发展，比较宽泛的划分已经无法满足学者进一步研究的需要。因此，一些学者开始对网络语言的概念和包含的内容进行更加细致的区分。周洪波认为，网络语言是在互联网运用中使用的相关词汇和句子。网络语言在广义上可由三个部分组成：第一部分是指互

联网的专业术语，如"硬件""鼠标""宽带"等；第二部分是指一些互联网上的特别用语，如"网吧""网民""短信息""黑客"等；第三部分则是网民在聊天室和一些 BBS 上使用的聊天用语，如"美眉""斑竹""大虾""菜鸟""恐龙""么么哒""酱紫""十动然拒""拍砖"等。狭义的网络语言不包含前面两类，仅指第三类网民或网友在聊天室和 BBS 上使用的聊天用语。广义的网络语言主要包括：用于交流的自然语言、与计算机相关的编译语言以及网民用于网络交流创作的特殊语言。从狭义的视角来看，学者们开始将网络语言限定为网民创造和传播的用于交际与信息交换的语言形式。

上述对于网络语言的分类在学者后续研究中得到较多的认同。网络语言在广义上是所有在互联网中使用的语言，由以下三类构成：第一类是社会通用语，实际上指的就是传统汉语，这是网络语言存在和使用的基础语言；第二类是因互联网而存在的术语和行业用语，如"防火墙""网管""宽带"等；第三类是网民在互联网上使用的习惯用语和相关俚语，这些词句一般具有特殊的含义和形式，如"菇凉"（姑娘）"1314"（一生一世）"围脖"（微博）等，它们一般源自网友在互联网上的交流互动。施春宏将互联网文化中语言现象的研究归属于 CMC（Computer Mediated Communication）的一种。CMC 语言有广义和狭义之分。广义的 CMC 包含网络中的交际用语和与计算机相关的各种编程语言；狭义的 CMC 通常只包括前者，即交际用语。

综合上述内容可以发现，学者们对网络语言的定义在广义上包含：一是社会通用语言；二是网络专业术语；三是网民在互联网上使用的习惯用语和俚语。在狭义上则只包含网民在互联网上使用的习惯用语和相关俚语，通常人们理解的网络语言主要是狭义上的。例如，维基百科（Wikipedia）对网络语言的解释是，"网络语言是由网民创造和传播的用于交际的一种语言形式"。网络语言被经常使用在即时通信、网络论坛、微博、微信等沟通媒介中,是互联网文化的组成部分,并逐渐从线上往线下渗透。与此同时,学术界对网络语言的研究也更侧重狭义的网络语言。在本书中,除了特别说明,"网络语言"这一概念采用狭义的网络语言定义,即指网民在互联网上使用的习惯用语和俚语。

二、网络语言的特点

(一)从语言构成的角度来看,网络语言具有不规范性

网络语言的不规范性是指其在变异的过程中,过分偏离常规语言系统,不仅给受众带来理解上的困难,也给其汉语学习带来了极大的障碍。网络语言作为一种非标准的语言形式,展现出独特的词汇和表达方式,形成了与传统语言系统不同的沟通规则。在网络语言中,一些词汇的意义发生了偏离,这不仅让网络语言使用者产生了一种特定的文化共鸣,也在一定程度上增加了其在理解上的难度。例如,在传统汉语中,"恐龙"这个词通常是指生活在远古时代的庞大爬行动物。然而,"恐龙"在网络语言中却被用来形容外貌不佳的女性,这种用法完全脱离了原本的语义范畴,导致不熟悉网络语言的人在理解时可能会感到困惑。同样地,"潜水"一词在传统语境中指的是在水中游泳或活动,而在网络语言中则表示在论坛或者聊天群组中保持沉默的一种状态。这样的词汇变异使得网络语言与标准语言之间的距离不断扩大。同时网络语言中还充斥着大量的缩写和谐音词,对这些词汇的理解往往需要受众依赖其对原本表达的熟悉程度。例如,英文中的"GF"是"Girl Friend"的缩写,在被引入网络语言后,常用于表达女朋友的意思。"88"是"Bye Bye"的谐音,表示再见。再如,"十动然拒"是"十分感动,然后拒绝了他/她"的缩写,因此只有在了解整个表达内容的基础上,才能正确理解缩写的含义。这些缩写和谐音词在丰富了网络语言

表达的同时，也对不熟悉网络文化的人群造成了理解上的障碍。

网络语言的广泛使用，尤其是在年轻一代中，逐渐形成了一种独特的文化现象。这种现象虽然在一定程度上反映出网络语言的灵活性和创造力，但也带来了许多问题。一部分对网络语言含义不熟悉的人，尤其是老年人和非母语者，常常难以理解这些词汇的确切意义。网络语言的使用场合往往比较随意，这使得其传播范围不断扩大，从而影响到更广泛的人群。在正式场合或跨文化交流中，网络语言的不规范性可能会带来误解和沟通障碍。由于上述情况的存在，网络语言在传播过程中，需要注意使用的场合和可能给沟通者带来的负面影响。例如，在正式的书面交流、商务沟通或学术讨论中，使用过于随意的网络语言可能会被视为不专业，甚至造成误解和困惑。同时，在跨文化交流中，由于不同语言文化背景的差异，网络语言的使用也可能带来额外的理解难题。因此，网络语言的使用者需要具备一定的语言意识，选择适当的表达方式，以确保有效沟通。

（二）从受众感知的角度来看，网络语言具有有趣性和新颖性

网络语言所表现出的有趣性和新颖性是其广泛受到年轻群体欢迎的主要因素之一。同时这些特征也使得品牌传播和广告实务工作者在营销活动中频繁使用网络语言，借此吸引目标受众的注意力。网络语言大部分介于书面语和口语之间，其特征体现在语言的新颖性、简洁性和追求修辞效果上。具体来说，网络语言展现出多样性、简约性、随意性等特征，从网民的传播和接受度来看，网络语言大多是简洁的、有趣的、新鲜的。张玉玲在研究网络语言的风格时，特别提到了幽默性。她认为，网络语言的幽默性与传统的语言幽默性并不相同。传统的语言幽默往往是直接的，可能通过笑话、讽刺或夸张等方式瞬间引发听众的笑声。网络语言的幽默性则更为隐晦，很多情况下并不是乍一看就令人发笑，而是需要通过联想和思考才能体会其背后的趣味性。这种幽默往往包含文化背景、社会现象和集体记忆等多重因素，使其具有更深层次的吸引力和感染力。

以春节联欢晚会中出现的网络语言为例，我们可以发现网络语言的幽默性分为三种：隐喻幽默、语境幽默和模因幽默。隐喻幽默指的是通过隐喻的方式，将一种现象或事物形象地比喻成另一种，从而产生幽默效果。例如，"葛优躺"这个网络词汇，就是通过对演员葛优在某个电视剧中经典姿势的隐喻，形象地表达了一种无所事事、慵懒的状态，令人会心一笑。语境幽默依赖特定的情境，通过对情境的夸张、扭曲或反差来制造笑点。例如，在某些段子或对话中，语言的突兀和情境的矛盾往往会产生意想不到的幽默效果。模因幽默是基于互联网文化中的各种"梗"或流行元素，通过对这些元素的重新组合和演绎，产生新的幽默感。例如，"我可以接受伤害，但不能接受背叛"这种句式，经过网络用户的不断变换和应用，已经成为一种固定的幽默模式。对品牌和广告而言，网络语言的有趣性和新颖性正好符合营销传播的需要。现代社会中，信息的传播速度很快和覆盖范围空前扩大，如何在海量信息中脱颖而出，成为品牌和广告主面临的重大挑战。网络语言以其独特的魅力和广泛的受众基础，成为品牌传播的重要工具。通过使用网络语言，品牌可以在与目标受众的互动中，迅速拉近双方的距离，增强亲和力和认同感。例如，某品牌在推出新产品时，利用流行的网络用语"宅男神器"进行宣传，立刻引起了大量宅男群体的关注和讨论，取得了良好的营销效果。

网络语言不仅具有传播速度快、覆盖面广的优势，还能够在短时间内引发受众强烈的情感共鸣。广告创意人员常常借助网络语言的这些特点，打造出令人印象深刻的广告语和宣传内容。例如，某饮料品牌在广告中使用了"葛优躺"这一网络流行语，成功地传达了产品能够带来轻松、舒适享受的品牌形象。又如，某电商平台在促销活动中使用"剁手党"这一网络词汇，巧妙地表达了消费者对促销商品的热情和冲动，进一步激发了其购买欲望。

（三）从使用群体的角度来看，网络语言具有亚文化性

亚文化（Subculture），又被称为小文化、集体文化或副文化，其以自身独特的理想信念、价值观念和生活方式与主流文化相对应。网络亚文化是一种有别于网络主流文化的亚文化形态，是网民在网络中逐渐形成并推行的一种特有的文化价值体系、思维模式和生活方式。网络语言不仅是一个社交工具或符号体系，还是这一社会群体中的成员认识和理解世界的特有视角与方式。从某种程度上来讲，人有什么样的世界观和价值观就会使用什么样的语言。以年轻人为主体的网民创造出来并广泛使用的网络语言就反映了这一社会群体的心理状况，并在当代社会语境下形成一种亚文化现象。例如，在采用非标准读音的情况下，在方言中或者女性卖萌撒娇的时候，"厉害"可能被读成"腻害"。这种基于错误读音的词汇却被年轻人广泛接受，一方面可能是因为"腻害"比"厉害"传递了更多语音信息，进而丰富了这一词汇所表达的含义；另一方面，反映了年轻群体对语音多样性的宽容和接受。从这个角度看，网络语言是具有亚文化性的。它与某个亚文化群体紧密相连，是该群体文化的一种外在表现方式。

（四）从语言融合的角度来看，网络语言具有多语种混合的特征

网络语言的重要特征之一是"拼贴"，这种特征表现为广泛采用来自各个语种、方言、语音的元素，以简单"拼贴"的方式完成语言创造。这种现象在互联网的背景下尤为显著，因为互联网作为一个信息交流的虚拟平台，使得语言沟通突破了地域和民族的限制。不相邻的社会或民族可以通过网络媒介直接接触与交流，从而产生不成系统的词汇借用现象。正是互联网的这种媒介特点促使网络语言具有多语种混合的特征。考察我们日常使用的网络语言，就可以发现有不少网络语言源自某种外来语。例如，"秀"这一网络词汇是源自英文的"show"，"欧巴桑"是对日语的简单音译，"宅"是对日语汉字字形改用汉语读音，等等。这些外来词汇通过互联网的传播，逐渐被广泛接受并使用，成为网络语言的重要组成部分。

从语言融合的角度来看，网络语言是目前汉语不断与其他语种和方言等进行融合的标志性语言变体。网络语言中的"拼贴"特性，使得它不仅具有丰富的表达力，还展现了语言文化的多样性和包容性。在这个过程中，汉语不断吸收和融合外来语元素，丰富了自身的词汇体系和表达方式。网络语言中的外来词汇，往往是通过音译、意译或形译的方式被引入汉语。例如，"秀"作为"show"的音译，不仅保留了原词的发音，还在一定程度上继承了其原有的含义，用来表示展示或表演；"欧巴桑"作为日语的音译词，原本是指年长的女性，但在网络语言中，这一词汇的使用对象和语境有所扩展，成为对中老年女性的一种广泛使用的称呼（含贬义）；"宅"字原本是日语中表示居住房的汉字，经过改用汉语读音，成为指代长期待在家中、不喜外出人群的网络词汇。这些外来词汇的引入和使用，不仅反映了网络语言的创新性和灵活性，也体现出汉语与其他语言文化之间的互动和交流。同时网络语言的多语种混合特性，还表现在大量的网络用语中。例如，"打call"源自日语中的应援文化，指为喜欢的偶像或作品加油打气；"pick"源自英文，意为选择或支持；"OMG"则是英文"Oh My God"的缩写，表示惊讶或感叹。这些网络用语通过互联网得以迅速传播，成为年轻人日常交流中使用的高频词汇。

网络语言中的拼贴现象，还体现在对方言和俚语的使用上。例如，"咱"是北方方言中的一个常用词汇，表示我们或我们大家，逐渐被网络语言所吸收和广泛使用；"嗨"是英文"hi"的音译，表示打招呼；"膜拜"则是对英文"worship"的意译，表示对某人或某事的高度赞赏和敬仰。这些方言和俚语的引入和使用，使得网络语言不仅更加生动、形象，也更贴近生活和实际。网络语言的拼贴特性，反映了当代社会语言文化的多样性和包容性。在全球化和信息化的背景下，不同语言文化之间的互动和交流日益频繁，网络语言成为这种交流的重要载体和体现。通过使用网络语言，网民不仅在交流信息，也在传递和分享不同文化背景下的思想与观念。这种跨文化的语言交流，不仅丰富了汉语的表达方式，也促进了不同语言文化之间的相互理解和融合。

三、网络语言功能

（一）交际性功能

语言最大的功能就是交际。语言可以实现人与人之间的相互交流，表达自身的言语与行为，进而实现情感、意见以及信息的传递。网络语言产生于网络平台，随着网络交际的开展逐渐兴起，形成相互依存的关系，并与现实世界进行互动，产生完整的网络符号，转变传统的表达方式，实现自身的交际功能。在实际应用过程中，使用网络语言交际应遵循真诚、理解、尊重、和平、宽容以及平等互利原则，利用网络的虚拟性促使交际更为开放，萌生出全新的观点与思路，满足网络时代的需求。

（二）强化性功能

网络语言呈现出简洁深刻的特点。尤其是在特殊的环境中，灵活应用网络用语有助于意义的深刻表达，并凸显出内容。例如，在社会舆情的分析过程中，通过使用网络语言可以促使语言简洁，可以直接表达出内容思想，并利用简短生动的词汇促使其功能得到强化，通过风趣简短的词汇表达为人们提供震撼的信息，实现舆情传播。

（三）汉语功能

对网络语言来说，其自身不仅具有较强的开发性，而且呈现出丰富性与创新性特点。网络语言为语言的发展奠定了良好的基础，以满足当前人们的需求。网络语言突破了传统汉语表达方式的束缚，无论是在语言的形式上还是在语言的内涵上，都呈现出更加开放、自由的特点，不再局限于传统形式，发挥出良好的汉语新的表达功能，促使人们的表达方式得到改进，体现出多元性特征。

第二节　网络语言的演变

一、简化阶段

互联网在刚开始兴起的时候，由于上网费用昂贵，早期的网民用各种办法尽可能提高上网效率，运用各种手段对语言进行缩减。例如，"1314"代表"一生一世""520"代表"我爱你"，以及"BTW"即"by the way"等。这些简化的语言表达形式，不仅能实现意义的表达，还能大大简化交际过程，符合语言发展的经济性原则。正是这种经济性原则，使得这些简化的语言表达形式在网络环境中得以迅速传播和流行，形成了独特的网络语言。随着互联网技术的发展和上网成本的降低，越来越多的人开始使用网络，网络语言的使用也随之发生了显著的变化和演变。早期的缩略词和数字化表达方式逐渐被更加丰富与多样的表达形式所替代。例如，网络用语中涌现出了大量的谐音词和拼音缩写，这些新词汇不仅简洁易懂，还具有趣味性和创造性。像"88"表示"拜拜""3Q"代表"Thank you""orz"形象地表达了跪拜的姿势，这些网络用语通过形象化的表达方式，使得网络交流更加生动有趣。进入移动互联网时代，社交媒体平台的普及进一步推动了网络语言的演变和发展。微信、微博、QQ等平台不仅提供了便捷的文字交流功能，还引入了丰富的表情符号和表情包，使得网络交流变得更加多样化和情感化。表情包不仅是一种情感的宣泄，也是网络文化的重要组成部分。例如，"捂脸笑"的表情包，既可以表达尴尬，又可以表示无奈或调侃，这种图文并茂的表达方式，弥补了纯文字交流中情感传递的不足。

与此同时，随着网络文化的不断发展，越来越多的网络热词开始涌现，并成为社会文化和心理状态的反映。例如，"躺平"一词，原本只是对一个生活状态的描述，但随着社会压力的增加，越来越多的年轻人往往会通过网络表达其对现状的不满和对未来的迷茫。"躺平"由此成为一种社会现象的代表词汇，反映了当下年轻人的某种情绪和态度。类似的还有"内卷"一词，原本是学术术语，指的是社会竞争过度导致的资源浪费现象，通过网络的传播，这个词逐渐被大众所熟知，并用来形容在职场、学业等各个方面的无效竞争和压力加剧。网络语言的演变不仅体现了技术和文化的进步，还展示出网民的创造力和幽默感。例如，"吃瓜群众"一词，用来形容那些在网络事件中只围观不参与的人，这种形象化的表达方式，生动有趣，易于传播和接受，成为网络文化中的一部分。此外，类似的还有"杠精"（指喜欢抬杠的人）、"佛系"（形容人对事物不争不抢、随遇而安的态度）、"鸡汤"（指那些带有励志或感人内容的文章或话语）等，这些词汇不仅丰富了网络交流的内容，也反映出不同人群的心理状态。

二、特色化阶段

网络语言源自生活，不仅成为反映社会的一面镜子，也能够从侧面反映出一定的社会现象。随着互联网的发展，QQ、微信、贴吧、论坛等网络社区的兴起和普及，网络流行语迅速传播并影响着人们的日常生活。这些流行语不仅是人们交流的工具，也是社会文化和人们心理状态的反映。最初的网络语言多是对现实语言的简单模仿和改编。例如，"灌水"一词源自论坛，意指无意义的发帖，而"潜水"则形容人长期不发言的潜伏状态。这些词汇生动地描绘了用户在网络世界中的行为和心态。随着社交媒体的发展，网络语言得到进一步丰富和多样化。特别是微信和微博的普及，使得表情包、Emoji（日语中绘文字之意，中国称"小黄脸"）表情符号等非文字化的表达方式逐渐流行起来。

三、娱乐化阶段

互联网的特色之一就是其强大的娱乐功能，网民通过各种夸张、逗趣的方式制造出网络语言，为交际营造出一种娱乐、搞笑的氛围。网络语言的产生和传播，与明星效应和影视作品之间的关系密不可分。明星在网络上的号召力是不容小觑的，他们的一言一行都可能被网民争相模仿。网络语言的另一大来源就是明星的微博以及其在电视剧中扮演角色的经典台词。例如，随着《甄嬛传》的热播，剧中那"古色古香"的台词被网友纷纷效仿，形成了"甄嬛体"。这种语言风格言语间颇具古风，极具雅韵，如"方才/今儿个……想必……极好/真正好……若是……倒也/定当……"，以典雅文艺的形式，拿着腔调说大白话，故意造成形式与内容的混搭风格，迎合了网友特别是年轻人的喜好与兴趣。

"甄嬛体"不仅展现了语言的丰富性和趣味性，还反映了网民对传统文化的兴趣和对创新表达的追求。此外，还有诸如"尔康手"这一经典表情包，来自电视剧《还珠格格》中的角色尔康在剧中夸张的手势动作，这种夸张搞笑的形象被制作为表情包，广泛用于表达惊讶、无奈等情感。近期，在微信、微博上还出现了汉英混用、汉韩混用、外语音译的词语，这些混搭的语言形式不仅增加了网络交流的趣味性，还体现了全球化背景下语言文化的交融。例如，邓超的"we are 伐木累"（family 的音译）和"what are you 弄啥嘞"，这些句子通过中英文混用的方式，制造出幽默搞笑的效果，深受网友喜爱。同样的，中韩混用的"wuli 胡歌"（wuli 是韩语"我们"的音译），这些混搭语言形式不仅具有趣味性，还拉近了明星与粉丝之间的距离。同时网络语言的演变还体现在各种新兴的表达方式上。除了文字和表情包，短视频平台的兴起也带来了许多新的网络流行语。例如，抖音、快手等平台上的热门视频片段常常会带出一些新词汇和新用法，其迅速传播并成为新的网络热词。这些新词汇不仅反映了网络文化的流行趋势，也展示出网民们的创造力和幽默感。

网络语言的演变过程是一个动态的、不断创新的过程。早期的网络语言多是简化和缩略，追求经济性和效率。随着互联网的普及和技术的发展，网络语言变得更加丰富和多样，融入了更多的文化元素和娱乐性表达。从明星的经典台词到中外语言的混搭，再到短视频平台上的新词汇，网络语言不仅是交流的工具，也是文化创新的载体。这种演变不仅丰富了网络交流的形式和内容，也反映出社会文化和人心理状态的变化。通过观察和分析网络语言的变化，我们可以更好地理解当下社会的热点问题和大众心理，为社会学、心理学等学科研究提供了丰富的素材。网络语言的演变是社会发展的一个缩影，它展示了文化的多样性和创新性，同时也反映出人们对交流和娱乐方式的不断追求。

四、社会化阶段

近年来，网络语言不仅限于网络空间，也逐渐走入人们的日常生活。除了具备娱乐功能，它也成为表达喜怒哀乐的一种简洁多变的方式。网络语言的形成和演变，是顺应社会发展潮流而出现的交际用语，它不仅反映了技术进步和社会变迁，也彰显了人们对语言表达方式的创新和需求。作为网络语言传播的主要媒介，互联网的发展促使网络语言的种类不断推陈出新。最初，网络语言以简化和缩略为主，例如"520"（表示"我爱你"）"666"（表示赞美或钦佩）等，这些词汇和符号迅速流行于网络社区，便于人们的快速交流和情感表达。随着社交媒体的普及和移动互联网的发展，表情符号、表情包、谐音词等丰富了网络语言的形式，使得交流更加生动和多样化。

人们通过网络语言不仅能够快速传达情感和思想，还能够增强交流的趣味性和互动性。例如，表情包通过生动的图像和搞笑的表情，能够迅速传达情绪，成为人们在日常社交和网络互动中不可或缺的一部分。此外，随着移动设备的普及，语音消息和视频短片也逐渐成为人们网络交流的新形式，推动了网络语言的多样化和全方位发展。网络语言的演变不仅是技术发展的产物，也是社会文化的反映。例如，随着电影、电视剧的热播，影视剧中人物的经典台词和角色形象常常就会被网民引用与模仿，成为网络热词的重要来源。这些热词和流行语言不仅具备娱乐性，还能够通过幽默、讽刺或调侃等方式，反映社会现象和人们的共同体验。同时网络语言的发展也促使网民不断模仿、复制、改造形成新的网络语言，推动了网络语言的传播和发展。例如，各种挑战、流行语言和表情包迅速在网络上传播，成为网民间的共同语言和文化符号。这种现象不仅丰富了网络交流的形式，也促进了人们在虚拟空间中的情感连接。

第三节　网络语言的分类与类型

一、网络语言的分类

目前学界对网络语言并没有标准的分类方式，从语言学和从传播学两个角度分类，比较有代表性。网络语言从语言学角度可以分为谐音型、英汉简略型、旧词新解型、符号象形型；从传播学角度按照来源可以分为方言词语、外来词语、影视文艺作品、网民个性创造、新闻事件五种类别。

（一）语言学角度分类

1.谐音型

网络语言以其丰富多样的形式和独特的表达方式，成为现代互联网文化的重要组成部分。其中，谐音型作为一种常见的表达形式，通过音似字义的变换，巧妙地传达出特定的意思，使得交流更加生动和有趣。谐音型可以分为几种主要类型：数字谐音型、汉字谐音型、英语谐音型以及其他创新型。一是数字谐音型是网络语言中较为常见的形式之一。它利用数字的发音与特定词语或短语的发音相似，来达到简化和幽默的效果。例如，"886"读作"拜拜啦"，其中的"8"和"bye"的发音接近，"6"和"啦"的发音相似，这种数字谐音型常用于表示告别或离开的场合。二是汉字谐音型是指利用汉字的发音与目标词语或短语的发音相近或类似来创造新的表达方式。例如，"让我康康"中，"康康"与"看看"的发音相近，通过这种谐音形式，简洁地表达了"让我看看"的意思。这种方式既增加了语言的趣味性，有时也节省了表达的文字量，以适应快节奏的网络交流环境。三是英语谐音型，它利用英语单词或短语的发音与汉语中的词汇相似或有趣地相近，创造出新的表达方式。除了这些类型，还有一些其他创新型的谐音表达。例如，一些网络流行语言会结合多种语言的元素，创造出新颖的表达方式，如汉英混用、汉韩混用等。这些创新型的谐音表达方式，不仅丰富了网络交流的内容和形式，也反映出多元文化的交融和网民创造力的展示。

2.英汉简略型

作为当今互联网时代的重要组成部分，网络语言不断演变和丰富，其构词方法多种多样。其中包括英语简略型和英汉简略型，它们通过缩写和简化表达方式，得以迅速传播和被接受。英语简略型是指利用英语单词或短语的首字母或主要部分来缩写，以达到简化和高效传达的目的。这种形式在网络交流中非常多见，特别是在社交媒体和即时通信工具中。例如，"LOL"即"LAUGHING OUT LOUD"，表示大声笑；"OMG"即"OH MY GOD"，表示惊讶或震惊；"BRB"即"BE RIGHT BACK"，表示马上回来。

这些缩写不仅简洁明了，而且因其广泛使用而被广泛理解和接受，成为网络语言中的经典表达方式。

英汉简略型是指结合英语和汉语及拼音的语言元素，以缩写的方式表达特定的意思或情感。这种形式的流行语在互联网上广泛传播，通过结合两种语言的优势，增加了表达的多样性和趣味性。例如，"yyds"即"永远的神"，表达对某人或某事极高的评价和赞扬；"nsdd"即"你说得对"，用于表示对对方观点的认同和赞同。这些英汉简略型流行语不仅简短明了，还常常带有一定的幽默和情感色彩，能够有效地拉近人与人之间的距离，增强交流的亲和力和趣味性。除了英语简略型和英汉简略型，还有许多其他形式的网络语言，如表情符号、表情包、谐音词等。表情符号和表情包通过图像化的方式，传达出丰富的情感和态度，成为人们在网络交流中不可或缺的元素。谐音词则通过音韵的变换和词义的叠加，创造出新颖、幽默的表达方式，例如，"886"（拜拜啦）等。

3. 旧词新解型

网络语言的丰富性和创新性在于其不断演变与扩展的能力，其中一种典型的表达形式是"旧词新解型"。这种类型的网络语言通过赋予原有词汇新的意义和用法，使得其在人们的日常交流和文化表达中得到广泛应用。旧词新解型反映了语言的生命力和适应性。它常常源自某个具体的文化现象或社会趋势，通过对原有词汇的重新理解和解释，使之具备了新的符号意义和象征功能。例如，"锦鲤"一词最初指的是一种高档观赏鱼，但在互联网文化中，它被赋予了新的含义——代表好运和幸运的象征。这种转变不仅丰富了词汇的语义层次，也体现出人们对幸运和美好生活的追求与表达。

旧词新解型在网络语言中具有特殊的文化和社交意义。通过共同理解和接受特定词汇的新含义，网民之间形成了一种共享的文化符号和情感联结。这种语言现象不仅是语言交流的工具，也是社交互动和文化认同的表达方式。例如，作为网络流行语言，"锦鲤"不仅在社交媒体上广泛使用，还衍生出各种相关的表达和文化产品，如表情包、周边产品等，进一步加强了其在网络社区中的影响力和传播力。除了"锦鲤"，还有许多其他的旧词新解型流行语言。例如，"鸡汤"最初指的是一种食品，但在网络文化中，它被用来形容那些虽富有感染力但缺乏实质内容的励志言论或文字。这种用法的出现，不仅增加了语言表达的多样性，也反映出当代人对情感共鸣和心灵慰藉的追求。另一个例子是"爱豆"，最初指的是一种食物中的豆类，但在现代网络文化中，它成为形容那些受欢迎的明星或偶像的称呼。这种词汇的转变，不仅反映了流行文化对明星崇拜的表达方式，也是对语言发展和社会文化变迁的见证。

（二）传播学角度分类

方言词语，如"给力"（北方方言）。外来词语，如"因吹斯汀"（interesting）。影视文艺作品，如"道路千万条，安全第一条"（流浪地球）。网民个性创造，如"爷青回"（B站弹幕）。新闻事件，如"逆行者"（新冠疫情）。

二、网络语言的类型

（一）缩写

作为现代互联网交流的重要工具，网络语言以其简洁、方便的特点迅速赢得了人们广泛的使用和接受。它通过各种形式的缩写和简化，不仅缩短了交流时间，还能准确表达意义和情感，从而成为网民在日常交流中不可或缺的一部分。网络语言的缩写形式主要可以分为汉语拼音缩写和英文缩写两大类。拼音缩写是指使用汉字拼音的首字母或者特定的拼音来代替完整的词语或短语。这种形式的缩写简单直接，常见于各类社交平台和网络论坛中。例如，"LZ"代表"楼主"，用于指代发帖的原作者或楼主；"RP"代表"人品"，用于评价一个人或事物的品质；"RMB"代表"人民币"，用于简化货币单位的表达。这些拼音缩写不仅提高了信息传递的效率，还因其简洁明了而得到广泛应用和传播。

英文缩写是将英文单词、短语甚至整句话缩写为几个字母或者一个短语，通常是英语使用者在网络交流中频繁使用的表达方式。这种形式的缩写不仅在英语国家流行，在全球范围内也被广泛接受和使用。例如，"BTW"即"By The Way"，用于引入一个话题或者在对话中添加附加信息；"OIC"即"Oh I See"，用于表示理解或明白。这些英文缩写因其简便性和高效性，在人们快节奏的网络交流中尤为重要。除了拼音缩写和英文缩写，网络语言还包括表情符号、表情包、谐音词等多种形式。表情符号如"😂"等能够通过图像化的方式快速传达情感和态度，表情包则可以通过具体的图片或者动态图像来增强网络语言表达的幽默和趣味性。

（二）谐音

网络语言的丰富性和多样性在于其能够创造出各种形式与类型的表达方式，其中谐音类词语作为一种主要形式，占据了网络语言中的重要位置。谐音类词语通过音同或音近的语音条件，将原有词语或短语联想到另一个词语，形成了一种同音替代关系，使得表达更为生动和富有趣味性。汉字谐音是网络语言中最常见的一种形式之一。它通过利用汉字的发音相近或者谐音来创造新的网络词汇。例如，"童鞋"（同学的谐音），用于指代朋友或同学；"鸭梨"（压力的谐音），用于表达心理上的压力感；"杯具"（悲剧的谐音），用于描述突发的不幸或不顺利事件；"神马都是浮云"（什么都是浮云的谐音），用于表示对事物不以为然或不在意。这些汉字谐音不仅增加了表达的丰富性，还因其幽默和贴近生活的特点而广受人们欢迎。

数字谐音是另一种常见的网络语言形式，特别是在社交媒体和即时通信中广泛使用。它利用数字的发音与汉字相近来替代特定的词语或表达。例如，"520"（我爱你的谐音），用于表达爱意；"1314"（一生一世的谐音），用于表示长久的友谊或爱情；"9494"（就是的谐音），用于表示同意或确认；"886"（拜拜了的谐音），用于表示告别。这些数字谐音的简洁和直观性不仅使其成为人们在网络交流中常见的表达方式，也增强了情感的表达力和互动的趣味性。方言谐音是在网络语言中体现得尤为突出的一种形式。方言具有地域性和独特的口音特点，通过将方言词汇或语音特征融入网络交流中，不仅丰富了语言的多样性，还能够增进人与人之间的亲近感和归属感。例如，陕西话中的"偶、俺、额"代表"我"的意思；东北话中的"木有"（没有）、"咋整"（怎么办）；粤语中的"哦了"（ok，好）；山西话中的"各应人"（让人讨厌）、"稀罕"（喜欢）等，这些方言谐音不仅能够在地域文化中找到共鸣，也为全国各地的网民提供了更加丰富和生动的交流方式。

（三）表情符号

作为现代互联网交流中的重要元素，网络表情符号以其生动形象和直观表达情感的特点，极大地丰富了网络交际的方式和内容。它们从最初的简单标点符号和表情文字发展到如今的动态图片、明星表情包甚至视频短片，不断地与社会热点相结合，推陈出新，成为网民在表达情感和观点时不可或缺的工具。网络表情符号的发展可以追溯到互联网的早期阶段，最初是通过简单的标点符号和字母组合来表达情感和态度的。

随着技术的进步和社交媒体的普及，网络表情符号得到了更为丰富和多样化的发展。现在的表情符号不仅包括各种各样的静态表情图，还有动态的GIF图和视频短片。这些动态表情能够更加生动地表达复杂的情感和态度，如一个搞笑的场景、一段可爱的动作或者一个生动的表情变化，都可以通过这些表情符号来传达，使得网络交际更加丰富和有趣。网络表情符号的类型多种多样，涵盖了不同的情感和场景。静态的表情符号能够直观地表达开心、笑哭、伤心等情感；动态的GIF图和视频短片则更具有戏剧性和生动性，能够引发更多人的注意力和共鸣。此外，明星表情包也是近年来流行起来的一种特殊形式，将明星的经典表情或动作制作成表情包，不仅具有娱乐效果，还能迅速得到传播和引发话题。

（四）改编

作为一种富有创造性和表达力的形式，网络语言不仅来自改编明星话语或熟知的材料，还深受社会热门事件的影响和推动。它通过对经典文化、流行文化以及社会现象的重新解读和改编，成为网民表达观点、情感和态度的重要工具，反映了社会变迁和文化演变的独特角度。网络语言的来源之一是对经典文化的改编和引用。经典文学作品、影视节目、广告词等被赋予新的解释和语境，从而形成了具有时代特色和个性化的网络语言。例如，"人生像一张茶几，上面摆满了杯具"这句话，改编自张爱玲的名言，即"人生是一袭华美的袍，上面爬满了虱子"，通过谐音和语义的变化，将经典的表达方式重新演绎，引发了网民的共鸣和传播。类似地，"思想有多远，你就给我滚多远"则是对经典广告词"思想有多远，你就能走多远"的幽默变体，展示出网络语言对流行文化的独特诠释和再创作。

同时网络语言还可以通过改编社会热门事件和话题来进行表达。社会热点问题和大众关注的焦点往往会成为网络语言的重要来源，反映了网民对社会现实的关注和思考。例如，对学生常见的挂科现象，网民创作了各种幽默和讽刺性的网络语言，如"不挂科，为我所欲也。不学习，亦我所欲也。两者不能兼并，我勒个去也"，这句话改编自《孟子·告子上》中的名句，"鱼，我所欲也；熊掌，亦我所欲也。二者不可得兼，舍鱼而取熊掌者也"，网络语言巧妙地运用经典文言文的语境，表达了现代学生对学业压力和自我调侃的态度。另外，网络语言还可以通过对流行语和俗语的重新构造与应用，不断创造出新的表达方式和梗文化。例如，"你若懂我，该有多好"改编自林徽因的名言"你若安好，便是晴天"，通过谐音和语义的转换，为人们的日常交流增添了趣味和幽默。

第四节　网络语言对社会文化的影响与意义

在互联网技术的推动下，世界已经开启了网络一体化的全新格局。同时因为社会发展趋势不断变化，人们的用网需求也不断提升，因此，互联网技术革新发展的浪潮一直未停息，各领域发展的运行模式也不断在发生改变，这为我国社会主义现代化建设的综合发展提供了速度与效率的切实保障。然而，互联网的推广与应用在改变各领域事业发展方向、促进社会迈上快节奏发展之路的同时也逐渐暴露出一些问题，其中较为显著的就是很多热点事件背后的深层次原因被挖掘出来，通过网络渠道大肆传播扩散，进而出现一定的语言发展模式，形成网络热词，成为人们常常挂在嘴边的一些口头语。网络语言的发展虽然在一定程度上有助于我国社会文化体系的多极化构建，但也产生了一些负面影响。

一、网络语言对社会文化的影响

随着互联网的发展，网络语言应运而生，并在社会上得到不断发展。网络语言并非一种规范性语言，其自身具有多种与规范化语言存在巨大差异的特征，如奇异性特征、随意性特征等。网络语言虽然能够给人们带来文化思想方面的想象与延伸，但这种新的语言文化形式并不符合相应的规范化标准，只能够给人们带来一些新奇之感、迷惑之意。与此同时，网络语言也并不具备语言立意的清晰性与准确性，往往会将人们带入一种模糊的意识概念中。网络语言的肆意盛行会对当代人思维品质、情感价值以及文化观念的形成产生一定的偏差，为传统汉语文化与社会文化的有效传承与弘扬带来一定的负面影响。由于网络语言是在互联网时代萌生的一种新的语言形式，与传统文化相较而言，这种语言较为显著的特征就是其自身具有一定的时尚色彩与奇异色彩，并且人们对这种语言的传播与应用通常缺乏一定的理智性与明确性，很多人在没有准确识别这类语言所指的社会文化内涵的前提下就盲目跟风，在别人的带动下陷入了人云亦云的迷离状态。特别是青少年文化群体因无法规避这些网络语言的渗透，使得其基于社会规范语言文化的思考能力被影响。网络语言普遍具有一定的戏谑性，往往被人们用于某些非正式场合的随意性调侃，由此会给别人带来一种时尚潮流之感，久而久之，就容易对人们正常规范的社会文化意识产生干扰，严重时还会在非理性社会风气的不断增加中扰乱社会的正常发展秩序。

（一）从词语构成角度分析网络语言对社会文化的影响

从词语构成角度来看，网络语言的规范性与严谨性缺失。例如，用"大虾"指代"大侠"，用"酱紫"表示"这样子"，而用"摸鱼"表示"不专心，偷偷做别的事"。这类网络用语曲解了汉语文化的实质内涵、本意与功能，使汉语文化在应用方面出现了乱象，偏离了汉语文化的正确发展轨道，没有达到语言规范化的标准，这不仅在一定程度上给社会文化的正常发展带来了很多弊端，也无法满足社会文化在新时代中实现长足发展的需求。随着时代的不断进步，我国网民数量不断增加，有些心智尚未成熟的青少年刚刚跟上社会网络化发展的节奏，且正处于语言学习与思想观念形成的关键阶段，纯净规范的语言环境对他们来说至关重要。一些庸俗的网络流行语很容易带偏青少年，如"社交恐惧症""社会性死亡""躺平"等，这些都将会为青少年的价值观和人生观的树立带来不同程度的影响。

广大青少年对在网络平台中充斥的各种语言的思辨能力较弱，缺乏准确识别的能力。网络流行语的无规制发展，在一定程度上会影响到这些青少年的思想，使他们逐步陷入网络语言的表达空间，从而挤压他们正常社会文化表达的空间，并降低其社会地位，使正常、规范的社会文化逐步淡出他们的视野。与此同时，由于网络语言属于随着互联网发展而产生的一种具有时代特征的文化产物，与传统社会文化相比，其对新时代下的人们而言具备一种新鲜感，这充分迎合了人们乐于探索新事物的心理。

今天，人们对网络的依赖性与对网络语言探求的心理欲望都非常强烈，由此其给社会带来的影响就会越来越多。例如，因热点事件在网络上发酵而产生的网络流行语——"楼脆脆"，就引发了大众对楼盘房屋质量差、无良开发商运营以及高房价销售等涉及房地产事件的关注和热议。随着网络受众群体范围的不断扩大，网络语言在受众中的传播速度也会不断加快，各种网络语言在社会中广泛流传，久而久之，就很容易误导人们对语言文字的正确理解与应用，使人们逐渐淡化对规范文字以及规范语言的正确应用和表达，进而导致规范的汉语文化应用陷入危机。例如，网络上称"喜欢"为"稀饭"，就具有一定的误导性。

（二）从音准角度分析网络语言对社会文化的影响

在网络流行语中，很多发音不标准且听起来具有一些谐音感的词汇频频出现，如用"你造吗？"替代"你知道吗？"。由于人们过度追逐新潮流带给自己与众不同的体验，他们往往习惯用这种网络语言替代那些标准的语言表达形式，进而满足自己虚荣的内心。因此，越来越多的人逐渐演变成网络语言的受众者，在不知不觉中成为促进网络语言宣传与发展的一分子，为网络语言在社会中的传播提供了助力。然而，由于这些网络语言在发音方面缺乏一定的标准性、规范性，因此，若人们没有提高注意力，保持应有的警惕性，在说话时养成对这种语言表达方式的过度依赖和惯性使用，长期用这些网络语言与他人交流，久而久之，他们在发音时就会出现口齿不清的现象，这就是人们常说的"习惯成自然"现象。同时，那些对网络语言"中毒"较深的人也很难再改变自身这种口齿不清的常态化发音方式。此外，在与别人的沟通交流中，还会误导更多人对语言表达的应用以及对多极文化的价值观取向。

因此，网络语言传播的泛滥最终有可能会影响到新时代人们语言交流方式的规范化发展。结合此观点来看，要想从根本上解决语言规范的文化表达方式被弱化的问题，就必须从网络语言着手，提高人们对网络语言以及社会文化的认知水平，广泛宣传汉语文化规范化发展的重要性，让人们充分了解到网络语言的利弊，并分别对网络语言与汉语文化的表达进行有效鉴别，做到可以会意网络语言，而不要大肆应用和传播。同时我们还要采取有效措施尽量避免网络语言传播的泛滥，从而减少其给社会带来的负面影响，使人们能够回归到规范的文化认知思想观念中，将使用规范的汉语文化作为自己终身学习的目标，助力社会文化的健康发展，并为其提供更多便利的应用与推广渠道。

二、网络语言对社会文化的意义

网络语言是一种开放性的新生语言种类，这种语言虽然具有新潮的形象与位置，但却有一定的低俗性，既不能融入主流文化领域，也不能应用于某些正式场合的表达中。

网络语言具有一定的独特性，能够助力人们便捷沟通，这也为网络语言传播速度的加快与应用范围的扩大奠定了一定的基础。根据当前现状来看，越来越多的网络语言已经流传到了大江南北，被越来越多的人所了解和熟知，成为人们惯以应用的口头语。不仅如此，网络语言也为主流文化的通俗化传播提供了有效契机，促使大众文化迈上蓬勃发展的新高度。随着各种各样的传播载体不断涌现，使网络语言也得以迅速发展。网络语言的发展在一定程度上增强了人们的理解能力、思维品质，并且影响了人们对语言文化的价值取向，为人们在交流过程中的语言运用提供了多样化的选择空间。与此同时，人们的道德观在这种新潮文化的引领与刺激下也被深入挖掘和广泛传播。

（一）网络语言的产生与发展使语言表达方式更具丰富性

随着时代不断发展，社会不断进步，很多新事物、新概念、新观念、新思想、新意识不断产生，并由此被挖掘出海量的新词汇。与此同时，网络语言也赋予某些词汇以另一种新型的表达方式，为了增强新词汇作为现代化语言表达的效果，现代汉语词汇也从多地方言、传统语言、网络语言或其他多元文化元素中汲取新意。网络用户以构词方法为依据，结合自身的情感价值观创造出具有时代感的新型词汇，为人们的语言交流提供便利条件，使语言表达更加富有特色，同时也促进了我国汉语文化的发展。从某种程度来说，网络语言的发展增加了新时期语言表达的丰富性、创新性与艺术性色彩，为当代社会人们的语言表达提供了更为多样的交流方式。

（二）网络语言的出现能够更好地满足广大青少年对创新文化的追求

青少年是我国全体网民中占比最大的一个群体。因此，在网络语言伴随时代而不断发展的同时，我们应该注重网络语言对广大青少年思想价值观的引领，充分发挥网络语言的优势作用，为青少年提供健康、积极、充满正能量的网络文明语言，使青少年能够提高其对网络语言的认识与鉴别能力。正确看待与使用因时代发展而出现的网络语言新词汇，将其作为提升自我、丰富自己知识视野的一个重要元素，加强对网络语言的修正与正确运用，使网络语言能够为自己的学习、生活以及事业的发展发挥更多积极的效用，提高广大青少年的创新创造性思维品质，促进其身心健康发展。有些青少年为了更好地展现自己的才华，突出自己在文字表达方面体现出的艺术感，在签名时喜欢使用富有创造力的艺术字来渲染自己与众不同，以此来给别人留下独特且深刻的印象，这在侧面也体现出青少年对创新文化的追求，而网络语言作为一种富有创意性的文化元素也恰好符合当代青少年在语言词汇表达方面的创新需求。

（三）网络语言的运用可以使社会文化语言发展迈上品质化与创新化发展的道路

网络语言在表达方面具有生动、形象、潮流之特点，对社会文化的发展能够提供更多助力，通过对网络语言的正确应用与传播，可以发挥其积极的引领和支持作用，使社会文化语言发展迈上品质化与创新化发展的道路。此外，加强网络语言的应用还可以更好地引导当代社会的人们正视时代的发展，正视社会文化的创新发展，提高人们的思辨能力，使人们保持良好的人格品质与道德情操，树立正确的思想观念，愿意为社会文化的发展创造更多生机与活力。

（四）网络语言可以为广大人民群众营造多姿多彩的知识文化环境

加强具有正能量的网络文化的应用与传播，积极开展多样化创新型网络教育活动，突出针对性与实效性，建立完善的网络建设管理体系，将网络语言的积极作用发挥到最大，净化网络环境，将网络语言应用于具有实际应用价值的问题上，使其能够为解决实际问题而服务，为营造积极的社会环境而服务，为创新文化元素、开拓社会文化发展道路而服务，为培育人们的汉语文化素养而服务。同时，社会文化可以在网络语言的融合与助力下形成更加理想的发展格局，使时代因网络文化的出现而更具魅力。

第二章
高职院校学生网络语言使用现状

第一节　高职院校学生使用网络语言的情况

一、社交媒体和聊天应用软件

（一）即时通信应用软件的普及

微信、QQ、抖音等应用软件不仅成为学生之间主要的沟通工具，也成为他们日常生活中不可或缺的一部分。这些应用软件以其便捷的文字交流和实时通信特性，显著改变了学生的交流模式和语言习惯。即时通信应用软件的社交性质促使学生倾向使用简洁、直接的网络语言来表达其思想和情感。在快节奏的学习和生活中，学生通常希望用最少的文字表达最多的信息，因此他们会采用各种缩写、表情符号和流行词汇。例如，"哈哈""666""加油"等简洁明了的表达成为他们日常交流的常用语，这不仅会节省时间，也会增强沟通的即时性和趣味性。即时通信应用软件的实时特性使得学生能够即刻接收和回复信息，从而形成一种即时反馈的交流模式。这种实时反馈不仅推动了网络语言的快速演变和创新，也促进了学生语言表达水平和交流技能的提升。通过不断使用网络语言，学生能够更加灵活地应对不同的交流场景和对象，进而提高沟通的效率和质量。即时通信应用软件的流行不仅改变了学生之间的交流方式，也增加了他们的文化认同并可以影响其社交行为。通过这些应用软件的使用，学生不仅能够与同学、朋友实时互动，还能够参与到更广泛的社交网络中，进而拓展他们的社交圈和人际关系。作为一种文化符号和社交工具，网络语言的内容不断地被创新，反映出学生在信息时代的生活方式和文化偏好。

（二）社交媒体的影响

社交媒体的流行使得高职院校学生能够与朋友、同学和社交圈子保持更为紧密的联系。通过这些平台，他们可以分享生活中的点滴、重要时刻和个人见解，而网络语言的运用则使这些分享更加生动和有趣。例如，使用流行的网络语言缩写、表情符号或者特定领域的术语，不仅使得交流内容更具个性化，也能够更迅速地传达出交流者的特定情感或者态度。网络语言的使用不仅是为了引起关注，也是为了在社交媒体上塑造交流者独特的个人形象和社交品牌。

社交媒体为高职院校学生提供了一个展示自我、探索兴趣的平台。许多学生利用这些平台展示他们的艺术作品、旅行经历、美食探索历程或者其他自己想分享的内容。在展示的这些内容中，网络语言的使用可以形成一种独特的语境，帮助学生与观众增加互动和产生共鸣。例如，一个学生通过在平台分享自己的音乐创作时使用特定的音乐流行语，或者在描述一场旅行中的趣事时使用地道的旅游术语，可以增加分享内容的趣味性和亲和力。同时社交媒体也成为高职院校学生表达思想和参与社会话题的重要平台。无论是对时事的评论、社会问题的关注还是个人见解的分享，网络语言的运用可以使得这些内容更加直接和生动。通过使用流行的网络热词或者幽默的表达方式，学生能够吸引更多的注意力，扩大他们的影响力和社交圈子。例如，对一些热门的社会议题如环境保护、性别平等、医疗改革等，学生可以通过选择特定的词汇和表达方式来展示自己的态度和立场。然而，尽管社交媒体和网络语言的使用在促进高职院校学生社交互动和个人表达方面起到了积极的作用，但也存在一些挑战和问题。例如，过度依赖社交媒体可能会影响到学生的真实社交能力和面对面沟通技能的发展。此外，社交媒体上信息的广泛传播和内容的真实性也是我们需要关注的问题，学生需要在网络语言的使用过程中保持理性和批判性思维，避免被虚假或者负面信息误导。

（三）群体认同和文化的影响

在当今社交媒体和聊天应用软件的世界中，网络语言不仅是沟通工具，也是一种群体认同的表达和文化影响的体现。特别是在高职院校学生中，网络语言的使用频率和方式体现出他们对融入社交群体的渴望，以及展示个人文化品位和兴趣的动机。理解网络语言如何加强群体认同感是至关重要的。在虚拟社交空间中，使用特定的词汇、缩写、表情符号和语法结构，可以迅速增加互动并引发共鸣，使得交流双方可以产生一种特殊的联系和共同体验。这种共同体验不仅是语言上的，也会产生一种文化上的认同感，因为通过使用特定的网络语言，学生可以表达其对某种文化或社交群体的归属感和支持。例如，许多高职院校的学生可能会使用一些特定属于他们专业或者兴趣爱好的术语和缩写。例如，在计算机专业的学生中，常常可以听到像"码农""BUG""加班狗"等词汇，这些术语不仅是工具的名称，也成为一种内部群体间的语言象征，传达了他们共同的理解和经历。这种语言的使用不仅帮助学生更高效地沟通，还强化了他们作为同一群体的认同感，促进了彼此之间的社交互动。网络语言也是展示个人文化品位和兴趣的一种重要方式。在社交媒体上，学生通过选择使用那些网络流行语或者特定于某一文化圈的词汇，来塑造自己的社交身份。这种选择不仅是为了展示自己对特定文化的熟悉程度，也是为了吸引和与他具有相似文化兴趣的人建立联系。例如，在音乐、电影或者游戏爱好者的群体中，他们可能会采用与这些爱好相关的术语和表达，以便在同好之间更容易地被识别和接纳。

高职院校学生倾向在网络语言中融入当代流行文化和潮流元素。随着时间的推移，网络上的流行词汇和表达方式会不断演变，学生应积极采纳这些新兴的词汇和语言形式，以保持他们在社交媒体和聊天应用软件中拥有社交竞争力和亲和力。这不仅是为了跟上潮流，也是为在同龄人中展示自己的文化敏感性和开放态度。然而，尽管网络语言在加强群体认同感和展示个人文化品位方面有着积极的影响，但也存在一些潜在的负面效应和挑战。例如，过度依赖网络语言可能导致规范语言沟通能力的退化，尤其是在面对面的社交场合中。此外，由于网络语言的快速变化和地域差异性，一些学生可能会因为误用某些网络词汇而被排斥，甚至与交流产生隔阂。

二、个人喜好和文化认同

（一）游戏文化

许多学生不仅喜欢玩游戏，还积极参与到各种游戏社区的讨论中。在这些社区中，特定的游戏术语、表情符号以及流行语成为他们交流和表达的重要组成部分。这些语言元素不仅是一种沟通工具，也是一种文化符号和群体认同的表达方式。游戏术语在这些社区中被广泛使用，成为学生日常交流的一部分。例如，在多人在线角色扮演游戏（MMORPG）的社区中，玩家会使用诸如"NPC"（非玩家角色）、"buff"（增益效果）、"nerf"（削弱）等术语来描述游戏中的特定机制或事件。这些术语不仅简化了复杂的游戏概念，还使得不同的玩家能够更加直接地讨论游戏策略、战术或者分享游戏经验。对高职院校学生而言，这些术语的熟练运用不仅可以显示出他们对游戏的了解和热爱，也会增强他们作为游戏玩家群体的认同感。

游戏中的特定表情符号和语录成为学生表达情感与想法的一种趣味方式。许多流行的游戏角色或者场景中的经典表情，被用来制作表情包或者用作社交媒体上的反应图。例如，一些知名游戏中的角色表情，如"卖萌""惊讶""无奈"等，常常被用来在文字交流中增添幽默或者情感色彩。这些表情符号不仅丰富了他们的表达方式，还促进了社区内玩家的互动和游戏的娱乐性。同时特定游戏中的流行语也成为学生之间交流的重要元素。这些流行语可以是特定游戏中的内涵梗，也可以是玩家在游戏过程中创造的新词汇或者戏谑语。例如，某款竞技游戏中的一句经典语录或者一个角色的特定称呼，可能会在玩家之间广为流传，并成为他们在社区中调侃、鼓励或者讽刺的方式之一。这种语言的共享和传播，不仅增加了游戏社区内部的凝聚力，也为参与者带来了一种独特的归属感和认同感。然而，游戏文化和网络语言的使用也面临一些挑战和反思。例如，过度沉浸在虚拟世界中不仅可能会影响到学生学业或者现实社交的发展，而某些游戏中的语言或者表达方式也可能存在冒犯性或者不当，需要玩家保持理性。因此，学生在参与游戏社区和使用相关语言时，应当注意适度以保持正确性，以维护良好的社交环境和个人形象。

（二）动漫和文化衍生物

作为一种独特的文化现象，动漫和漫画深深影响了许多高职院校的学生，其不仅可以作为娱乐形式，也是一种生活方式和社交圈子的象征。在这些动漫和漫画中，学生存在着丰富而独特的网络语言和表达方式，这些语言元素不仅可以帮助学生更好地交流和表达，也可以成为他们彼此之间建立联系和认同的重要工具。动漫和漫画爱好者在网络活动中广泛使用特定的流行语和术语，这些术语通常源自他们喜爱的作品或者角色。例如，一些经典动漫中的台词或者角色的特定称呼，可能会在动漫和漫画爱好者之间广为流传与引用。这些引用不仅是对作品的致敬，也是一种内部群体间的认同和产生共鸣的表达。通过使用这些流行语，动漫和漫画爱好者不仅能够更快速地了解彼此的兴趣和喜好，还能够深化对动漫文化的情感连接。

同时动漫和漫画爱好者也会利用特定的表情符号与情感符号来丰富他们的交流及表达。这些符号可能是某个动漫角色的表情包，也可能是特定场景或情感状态的符号化表达。例如，一些角色的经典表情，如"囧""233"等，被用来表达各种情绪和态度，从而增加他们的文字交流的表现力和趣味性。这种表情符号的使用不仅帮助他们更生动地分享其对作品的了解和喜爱，也可以成为社区内部互动的重要元素。

另外动漫和漫画爱好者还倾向在网络活动中创造新的短语或者俚语。这些短语可能是对动漫情节的戏谑化解读，也可能是对特定作品元素的夸张表达或调侃。这种创造性的语言使用不仅可以加强他们作为文化社群的认同感，还可以促进他们在网络空间中交流的趣味性和互动性。例如，一些动漫中的梗点或者笑话，可能会被用作日常生活中的幽默话题，从而进一步丰富他们的社交体验和增加他们的生活乐趣。然而，动漫和漫画中的网络语言使用也面临一些挑战和反思。例如，过度沉浸在虚拟世界中不仅可能会影响到学生学业或者他们在现实生活中的交往能力，而且一些语言表达可能也存在误解或者不当的风险。因此，作为动漫和漫画爱好者的高职院校学生在使用相关网络语言时，需要保持适度和正确性，要尊重他人的观点和感受。

（三）影视剧和流行文化作品

许多学生深深迷恋某些影视剧或流行文化作品，这些作品中的语言和表达方式也成为他们日常交流和社交互动中的重要元素。学生积极引用影视剧中的台词、使用作品中角色的口头禅或特定情节中的梗，以表达自己的兴趣和文化认同，形成了独特而丰富的网络语言文化。影视剧的台词成为学生经常引用和交流的对象。某些经典影视剧中的台词，如《权力的游戏》中的"冬天将至""你什么都不懂"等，不仅在剧中具有特定的情境意义，也因为其别具一格的表达方式，被学生广泛用于其日常对话中。这些台词不仅可以帮助他们更准确地表达情感和思想，也成为影视剧爱好者之间的一种特殊的语言连接，进而增加彼此之间的社交互动和情感共鸣。影视剧中角色的口头禅和特定表达方式也深受学生的喜爱。例如，《生活大爆炸》中谢耳朵的"Bazinga！"或者《老友记》中乔伊的"How you doing？"等，这些角色标志性的口头禅不仅在剧集中具有特定的情境和笑点，也成为学生在网络和现实生活中表达幽默与亲近感的重要工具。通过使用这些口头禅，学生不仅增加了对作品的深度理解，也在语言上加强了与同好之间的共鸣和友谊。

另外，影视剧中特定情节或梗点的使用也被广泛流传。这些梗点可以是剧集中的经典桥段、重要情节或者特定角色的行为，被学生在网络中反复引用，以表达其对作品的热爱和认同。例如，《怪奇物语》中的"阿尔法"，《黑镜》系列中的"黑镜之眼"，这些象征性的梗点不仅成为影视剧爱好者之间的内部语言，也在网络社区中形成了独特的文化符号和共享的文化资本。然而，尽管影视剧和流行文化作品中的网络语言使用丰富了学生的社交体验并增加了他们的文化认同，但也要面对一些挑战和进行反思。例如，过度沉浸在虚拟世界中不仅可能会影响到学生的学业或现实社交的发展，某些梗点或台词的使用也可能存在被误解或冒犯他人的风险。因此，学生在欣赏影视剧和流行文化作品的同时，也应当保持适度和正确性思维。

三、学术和正式场合的约束

（一）课堂讨论

在高职院校的课堂环境中，学生在面对学术讨论和专业交流时，往往会自觉地采用更加正式和专业的语言。这种语言选择不仅是为了适应课堂上的严谨氛围，还能够有效地支持信息的准确传递和学术观点的清晰表达。在这样的学术环境中，正式语言不仅是一种表达方式，也是展示学生学术素养和专业能力的重要途径。课堂讨论通常要求学生遵循一定的学术规范和逻辑结构。在面对复杂的学科内容或者专业领域的讨论时，使用正式语言能够帮助学生准确表达自己的观点和理解，避免要传达的信息被误解或曲解。例如，在工程类课程的讨论中，学生可能会使用术语如"工程设计的可靠性""材料的耐久性"等来描述技术性问题，这些术语具有明确的定义和专业背景，有助于确保讨论内容的深度和有效性。正式语言的运用有助于建立良好的学术和专业形象。在高职院校的学术环境中，学生往往希望展示自己的学术能力和专业素养。通过使用规范的表达方式和专业术语，学生能够表明自己对学科知识的掌握程度和对学术规范的尊重。这种展示不仅可以增加学生在教师和同学眼中的信任度，也可以为其未来的学术和职业生涯发展奠定坚实的基础。

同时正式语言的选择还有助于提升课堂讨论的质量和深度。在讨论课程内容或者解析案例分析时，使用准确的术语和规范的表达方式有助于确保信息的清晰传递和思想的精确表达。这种语言的准确性和专业性，不仅可以促进学生学术理解的深入，还能够激发其更高水平的思维和探索，推动从表面讨论到深层次的分析和评估。然而，尽管正式语言在课堂讨论中具有重要作用，学生也需要在实际运用中保持灵活性和适应性。有时候，根据讨论的内容和参与者的背景，适度地使用示例、比喻或者案例分析，也能够有效地丰富讨论的内容和增强表达的生动性。这种灵活运用不仅能够保持学生参与讨论的活跃性，还能够帮助更广泛的听众理解复杂的专业概念和观点。

（二）研究报告

研究报告要求学生要遵循严谨的学术写作规范，使用正式的语言和专业术语，确保信息的准确传达、逻辑的严密性，并符合学术界的标准和要求。研究报告作为学术成果的体现，要求学生在语言上表达准确、清晰，避免表述模糊和出现歧义，正式的语言和专业术语表达在这一过程中显得尤为重要。例如，在科学研究报告中，学生可能需要描述实验方法、结果分析以及科学推理过程。使用准确的专业术语和规范的表达方式，有助于确保研究的可复制性和结论的科学性。这种语言表达方式的选择不仅能够提高读者对研究内容的理解和接受度，还能够增加研究报告的学术信任度和权威性。研究报告要求逻辑严密，思路清晰，避免在表达方式上出现跳跃或断层现象。正式的语言表达能够帮助学生在逻辑结构上保持一致性和连贯性，使读者能够轻松地跟随研究思路和推理过程。例如，在文献综述部分，学生需要梳理前人研究的主要成果和观点，通过准确的专业术语和严密的逻辑连接，可以展现出其对研究内容的理解程度，为自己今后的研究工作提供坚实的理论支持。

同时正式语言的运用还有助于提升研究报告的学术水平和学术声誉。在学术界，正确使用专业术语和规范的语言表达方式被视为学术素养与专业能力的重要体现。学生通过遵循学术写作的规范，不仅可以展示其对学科领域的尊重和理解，还表明了他们作为研究者具有的严肃态度和责任感。这种语言运用的规范性和权威性，有助于提升研究报告在同行评议和学术界中的地位，为自己的学术和职业发展奠定坚实的基础。然而，尽管正式语言在学术研究报告中的重要性不可忽视，学生也应当注意在实际撰写过程中保持语言表达的生动性和灵活性。有时候，合适地运用例证、比喻或者实际案例可以帮助更好地解释复杂的专业概念或推广研究结果的实际意义。这样不仅能够增加读者对报告阅读和理解的乐趣，还能够使得学术成果更贴近实际应用和社会需求。

（三）官方邮件

官方邮件的撰写要求学生使用正式的邮件格式和规范的语言，这不仅体现了对收件人的尊重和沟通内容的专业性，也确保信息传达的准确性和有效性。与日常社交或非正式交流不同，官方邮件的语言表达要求避免使用网络语言，因为这样做会被认为不够正式甚至不礼貌，可能影响沟通效果和个人形象的建立。官方邮件的格式对学生来说至关重要。首先，官方邮件的开头包括明确的称呼，如"尊敬的XXX老师/校方负责人/外部机构负责人"，以示尊重和礼貌。其次，正文部分应当简明扼要地表达沟通的主题和内容，避免使用冗长和复杂的语句，以确保信息的清晰传达。最后，结尾部分通常包括感谢和礼貌的结束语，如"谢谢您的关注""祝好"等，以体现发件人的诚意。官方邮件的语言选择应当符合正式和专业的标准。在语言表达上，学生要避免使用非正式的网络语言，如缩写、俚语或表情符号，这些在非正式交流中可能常见但在正式邮件中则显得不妥。学生应选择使用正式的词汇和句式，以确保邮件内容的专业性和权威性。例如，学生应使用正式的动词和形容词来描述事务或问题，同时避免使用口语化的表达方式，从而提升邮件的正式度和沟通效果。

官方邮件的准确性和明确性对沟通的成功至关重要。学生应提供具体的信息和数据，确保收件人能够明确理解邮件的内容和意图。例如，在请求回复信息或采取行动时，学生应清楚地列出需要回复的具体信息或采取的具体行动步骤，以便收件人能够准确地理解和回应。这种准确性不仅可以展示学生对待事务的严谨态度，还可以提升邮件内容的专业性。同时，学生在撰写官方邮件时也需注意一些细节，以确保沟通的顺畅和效果。例如，在使用抄送和密送时需谨慎选择，确保信息传递的完整性和保密性。另外，邮件内容表达的语气和态度应当保持平和和礼貌，避免使用过于强硬或冷淡的表达方式，以维护良好的沟通关系和个人形象。

第二节　高职院校学生使用网络语言的动机

一、娱乐和放松

（一）轻松愉快的感觉

在当代高职院校学生的日常生活中，网络语言不仅是一种交流工具，也是一种文化符号和社交策略，能够带来轻松愉快的体验和增加对话的趣味性。学生在日常交流中积极使用网络流行语、表情符号和梗，这不仅可以缓解紧张气氛，还可以反映他们对创意和幽默感的追求，以及对增加群体认同和社交互动的渴望。网络语言充满了幽默感和创意，能够给人们的日常交流带来轻松愉快的感觉。例如，流行的网络梗或者笑话，往往因为其独特的表达方式或者意外的转折意思而引人发笑。在高职院校的学生中，这些幽默元素不仅是为了消遣，也是通过参与和共享，加强同学之间的互动和友谊。例如，在课堂上学生可能会用一些搞笑的表情符号或者流行的网络语言来评论老师的幽默点，这不仅让课堂氛围更加轻松愉快，也能增强学习氛围。使用网络语言反映出学生对语言创新和独特表达方式的追求。在信息爆炸的时代，学生可以接触到各种各样的网络流行语和梗，这些语言和表达方式常常具有其独特的背景和社交意义。通过使用这些语言，学生不仅表达了自己对当代流行文化的理解和喜爱，还展示出自己在创意和文化娱乐方面的个性与态度。例如，某个新流行的网络短语可能会在校园中快速传播开来，成为同学之间的热门话题和讨论内容，从而促进这种语言文化的共享和传播。

同时网络语言的使用也是学生展示个人文化身份和寻求社交认同的一种方式。在高职院校这样的多元化社群中，不同学生可能因为相同的兴趣爱好或者文化背景而聚集在一起。例如，喜欢某种特定类型动漫或者电影的学生，可能会在网络平台上使用相关的表情符号和台词，与其他同学分享自己的爱好，从而加深彼此之间的情感联系和社交互动。然而，虽然网络语言在增加轻松愉快的感觉和促进社交互动方面有着显著的作用，但学生也需要在适当的场合和时机进行选择和使用。在学术和正式场合，如在研究报告、官方邮件或者学术讨论中，使用网络语言可能会显得不够专业和正式，进而会影响到沟通效果和个人形象。因此，学生在使用网络语言时需根据不同的场合和目的进行适当的调整与取舍，以保持语言表达的合适性和恰当性。

（二）释放压力

学生通过在与其他人聊天中使用搞笑的表情包、模仿流行的网络短视频中台词或参与网络社区的互动，不仅能够使其在忙碌的学习生活中获得片刻的轻松，还能够加强社交和表达个性的愉悦体验。网络语言因其轻松幽默的特性成为学生释放压力的重要途径。面对繁重的学业压力，学生常常需要通过一种简单有效的方式来缓解紧张和焦虑。在日常的交流中，学生可以使用搞笑的表情包或模仿流行的网络短视频中的台词，可以瞬间调节严肃的气氛，带来欢笑和轻松感。例如，一个简单的表情包或者一个经典的梗，往往能够打破紧张的氛围，让学生放松心情，重新集中调整注意力和情绪，投入接下来的学习当中。使用网络语言释放压力反映出学生对语言创新和时尚文化的追求。当代的网络流行语言和表达方式随着社交媒体的普及与技术的发展，变得越来越多样化和丰富化。学生通过参与这些流行语言的表达，不仅可以展示出自己的时尚意识和社交技能，还加强了与同龄人之间的沟通和互动。例如，学生在社交媒体平台上分享搞笑的视频段子或者参与热门话题的讨论，不仅是一种自我表达的方式，也是与朋友们交流感受和情感的平台，使其能够在完成繁忙学业之余找到情感共鸣和支持。

使用网络语言释放压力能够帮助学生建立更加积极的心态和提高应对压力的能力。通过参与网络社区的互动和分享，学生能够与有同样经历压力的人，共同探讨和分享自己应对压力的方法及心得。网络语言不仅是一种表达工具，也是一种获得心理支持和情感连接的方式。例如，通过参加一场流行的网络活动或者分享生活中的趣事，能够让学生获得来自社区的认同和支持，从而使其可以更加积极地面对学业和生活中的各种挑战。然而，学生在使用网络语言释放压力时也需注意适度和合理性。尽管网络语言可以带来轻松和愉悦的体验，但过度依赖或者不当使用也可能带来消极影响，如影响学习效率或者引发误解和冲突。因此，学生需要在使用网络用语表达的同时，保持理性和客观，遵循社交媒体的文化规范和社区准则，确保网络语言的使用能够带来正面的社交体验和心理健康的提升。

二、时尚和潮流

（一）与时代接轨

网络语言通常可以反映出当前的流行文化和潮流动态，学生通过使用这些语言，能够展示出自己对时下流行文化热点和趋势的了解，进而塑造出一个与时代接轨、充满活力的形象。这种行为不仅让他们在社交圈中显得更加吸引人和有趣，还能够加深他们与同龄人之间的交流和认同感，从而增强个人在社交和学术环境中的影响力。使用网络语言可以帮助学生快速捕捉和理解当下的流行文化热点与社会趋势。随着互联网的普及和社交媒体的兴起，各种新的词汇、梗和表达方式层出不穷，这些语言的出现通常与热门影视剧、流行歌曲、电子游戏以及社会事件紧密相关。例如，某部热映电影中的经典台词、流行歌曲中的歌词片段或者某个网红的签名动作，都可能成为网络语言的一部分而被广泛使用和传播。学生通过使用这些网络语言，不仅可以展示出自己对流行文化的敏锐感知，还能够在社交场合中与同龄人分享共同的兴趣和爱好，从而增强彼此之间的互动和交流。使用网络语言可以反映出学生对新技术和数字化生活方式的适应能力与开放态度。当今社会，技术发展日新月异，数字化生活已经成为人们日常生活中的重要组成部分。在这样的背景下，网络语言不仅是一种沟通工具，也是展示个人与时代接轨的重要方式。

使用网络语言可以帮助学生扩展社交圈子和增强个人的吸引力。在大学生活中，社交网络的建立和维护对学生的成长和职业发展至关重要。通过参与流行文化的讨论、分享和评论，学生能够与更多的人建立起共同话题和兴趣，拓展社交圈，并建立起有价值的社交关系。例如，在校内外的社交媒体平台上，通过参与热门话题的讨论或者发布有趣的内容，学生能够吸引更多的关注和产生更多的互动，从而提升个人在社交网络中的影响力，为其将来的职业发展打下良好的基础。然而，尽管使用网络语言能够带来诸多积极的影响和发挥一些社交优势，学生们还需要注意保持适度和客观性。因此在不同的社交和学术场合，选择适合的语言和表达方式显得尤为重要。在正式的学术交流或者与老师、校方以及外部机构的沟通中，使用网络语言会显得不够正式和专业，进而会影响到沟通效果和个人形象。因此，学生需要在不同场合中灵活运用不同的语言，确保表达的准确性和适当性，同时保持对社交媒体和网络语言使用的理性及适度。

（二）增强自我认同感

网络语言作为特定群体或亚文化圈子的重要标志，通过学生的使用，不仅能够更好地融入特定的社交圈，还能够通过共同的语言表达方式增强群体认同感。这种行为不仅帮助学生在大学生活中找到情感共鸣和支持，也会加深他们对个人身份和社会位置的认知程度，进而影响他们的社交互动、学术表现以及个人成长。使用网络语言有助于学生找到属于自己的社交群体和亚文化圈子。在高职院校这样多元化的社区里，学生来自不同的地域，拥有不同的文化背景和兴趣爱好，他们有着各种各样的社交圈。通过使用特定的网络语言，如流行的表情符号、梗或者特定的网络词汇，学生能够快速找到与自己志同道合的人，建立起共同的兴趣点和真诚的友谊。这种共同的语言和表达方式不仅是交流的工具，也是建立和加强社交关系的纽带，让学生可以获得到在大学生活中的归属感和安全感。在大学校园中，每个学生都在探索和建立自己的个人身份，他们在试图融入大学社区的同时，也在寻找自己在其中的位置和角色。通过参与到特定群体的网络语言使用中，学生能够更清晰地认识到自己的兴趣和价值观，并将其与他人进行比较和对话。例如，喜欢特定类型电子游戏或者动漫的学生，可能会在网络平台上使用相关的游戏术语或动漫梗，与其他人分享自己的爱好和独特见解，从而加深对自己兴趣和身份认同的理解。

使用网络语言能够促进学生之间的社交互动和情感表达能力。在网络语言的使用过程中，学生不仅仅是在传达信息和表达观点，也是在分享情感和个人经历。例如，通过使用表情符号、特定的网络词汇或者模仿流行的网络短视频中的语言，学生能够更生动地表达自己的情感状态和内心体验，引发他人的共鸣和理解。这种情感的分享和表达不仅有助于加强社交关系，还能够提升学生的沟通能力和社会情商，为他们未来的职业发展和人际关系的建立打下坚实的基础。然而，使用网络语言也需要学生们注意保持适度和客观性。

（三）表达个性和创意

网络语言中充满了创新和个性化的元素，通过独特的表达方式，学生能够在同龄人中显露个性，获得更多的关注和认可。这种自我表达的方式不仅有助于增强个人的自信心和自我认同感，还能够促进社交互动、拓展人际关系，并在学术和职业生涯发展中取得更大的成就。使用网络语言展示个性和创意是学生追求独特性与个人化表达的重要方式。在大学校园里，学生拥有不同的文化背景和兴趣，他们希望通过自己的言行举止和交流方式来展现其独特风格和思维方式。网络语言正是这样一种工具，它融合了时下的流行文化和创新潮流，让学生以一种富有创意和个性化的方式表达自己的观点与情感。例如，通过使用特定的表情符号、流行的梗或者独特的语法结构，学生能够展示出自己独有的幽默感、情感表达或者对特定话题的独到见解，从而引起他人的注意和共鸣。使用网络语言展示个性和创意有助于学生在社交网络中脱颖而出，进而提升个人影响力。通过在社交媒体平台上积极参与使用网络语言，学生能够塑造出一个独特、鲜明的个人形象，吸引更多的关注。例如，一些学生通过分享自己的创意作品、参与热门话题的讨论或者发布有趣的内容，不仅能够增加自己在社交网络中的曝光率，还能够建立起与广大观众之间的情感连接，从而提升个人的社交影响力和价值。

使用网络语言展示个性和创意有助于学生在学术和职业生涯发展中取得更大的成就。在学术交流和专业领域中，具有创新思维和个性化表达能力是学生脱颖而出的重要因素。通过在学术论坛上或者专业社交平台上使用富有创意和专业性的语言，学生能够表达自己独特的学术见解和研究成果，进而引起同行和专业人士的注意与认可。例如，在学术研究报告或者专业讨论中，通过适当引用网络梗或者使用新颖的语言，能够使学术交流更加生动有趣，同时展示出学生在学术领域的创新思维。

三、简洁高效

（一）快速传递信息

在高职院校的学习和社交环境中，学生通常面临着紧张的学业压力和周密的课程安排。学生需要一种能够快速传递信息的沟通工具，以便及时完成任务、协调团队活动或者参与社交互动。一些网络语言因其简短、精准的表达特点，能够在几个字或者几个符号内传达出复杂的意思或情感，使得沟通更加高效和便捷。例如，使用缩略词、表情符号或简洁的句子，能够快速表达出自己的想法或回应他人的信息，提高沟通的流畅度和效率。高职院校学生在社交媒体和即时通信应用软件中使用网络语言，不仅是为了快速传递信息，也为与同龄人保持即时联系和建立更加紧密的社交关系。随着社交媒体的普及和即时通信应用软件的流行，学生习惯通过这些平台分享生活点滴、交流学习心得或者表达情感。网络语言的使用不仅能够帮助学生在短时间内完成信息交换，还能够增加对话的参与感和趣味性。例如，在微信等应用软件中，学生经常使用快捷的网络语言表达友好问候、分享有趣的链接或者讨论课堂上的新鲜事，这种即时的沟通方式有助于维持社交网络的活跃度。

网络语言的使用反映出学生对数字化生活方式和技术应用的适应能力与开放态度。在当今数字化社会，信息传播的速度和方式发生了巨大的变化，网络语言作为一种新兴的语言形式，与智能手机和互联网的普及紧密相连。通过使用网络语言，学生不仅能够迅速适应和掌握新技术，还能够在日常生活中享受到信息技术带来的高效和便利。例如，在快节奏的社交场合中，学生们通过短信、社交平台或者在线群组使用网络语言，能够快速地组织活动、解决问题或者分享新闻，有效提高工作和学习效率。

（二）便于记忆和使用

在当今高职院校学生群体中，使用网络语言的动机之一是其便于记忆和使用。网络语言通常由常用词语或短语缩略而成，以简洁的方式表达复杂的意思，这种特点使得学生能够轻松掌握并频繁使用，从而提高交流的便利性和效率。在快节奏的学习和社交生活中，这种简化的表达方式不仅能够节省时间，还能够加强与同学和朋友之间的沟通和互动。网络语言的简洁性使其成为学生日常交流中的首选工具。学生通常面临着繁重的学业压力和快速的生活节奏，他们需要一种能够快速传递信息和表达情感的有效工具。网络语言通过简化常用词语或短语，如将"laugh out loud"缩写为"LOL"，能够在几个字母之间传达出深刻的笑声，使得交流更加便捷和高效。这种简单而直接的表达方式，不仅能够减少语言表达的复杂性，还能够迅速引起对方的共鸣和理解，促进信息的快速传递和交流效果的达成。网络语言的易于记忆和使用，使得学生能够更加自如地应对不同场合的交流需求。在社交媒体平台和即时通信应用软件中，学生会经常使用各种网络语言来表达情感、分享观点或者评论事件。这些简化的表达方式，如"OMG"（Oh my God，我的天啊）、"BRB"（Be right back，马上回来）、"BTW"（By the way，顺便说一下），不仅简洁明了，而且由于频繁使用，学生很快就能记住并掌握它们的用法。这种便捷的表达方式不仅能够帮助学生在社交互动中更加流畅地表达自己的想法和情感，还能够提高沟通的效率和愉悦感。

网络语言的使用可以反映出学生对数字化工具和技术应用的积极态度与适应能力。随着智能手机和互联网的普及，学生习惯在日常生活中使用各种数字化工具进行信息传递和社交互动。网络语言不仅提供了一种快速的沟通方式，还能够反映出学生对科技发展和社会变革的开放态度。学生能够更加灵活地运用语言工具，适应不同的社交和学术场合，提高自身的交流技能和社交影响力。

（三）减少误解

网络语言通常是通过反复使用和流行文化传播而形成的简洁表达方式，具有较高的共识度和理解度。这种特点使得学生能够在日常生活和学术交流中，适当使用网络语言有效地表达自己的想法和情感，避免出现因语言复杂性而引发的误解和沟通障碍。网络语言的简洁性和高度共识度使其成为学生在快节奏生活中的首选沟通工具。例如，"LOL"（Laughing

Out Loud，大声笑）、"OMG"（Oh My God，我的天啊）等，能够在几个字母或符号之间传达出复杂的情感和意义。这种简短而直接的表达方式，能够减少语言表达的复杂性，同时这些缩写字母的含义在广大用户中具有较高的共识度，使得交流更加迅速和高效。网络语言的流行性和普及程度使得学生能够在社交媒体平台和即时通信应用软件中更加顺畅地进行交流和互动。学生习惯通过这些平台分享生活点滴、表达观点或者参与话题讨论。在这些社交互动中，网络语言的使用不仅能够快速传达情感和思想，还能够有效减少因语言使用不当而引发的误解和歧义。例如，在微博、Instagram 等社交平台上，学生通过使用流行的网络语言和表情符号，能够轻松表达其对话题的态度和看法，进而增强与其他用户之间的沟通效果和互动体验。

网络语言的简洁性和高度共识度反映出学生对数字化社会与新媒体环境的适应能力及开放态度。在信息爆炸和多样化的当今社会，学生需要快速适应并掌握各种数字化工具和语言形式，以便在学术、社交和生活中保持优势。网络语言不仅能够帮助学生在社交媒体上树立个人形象和提高社交影响力，还能够促进多样化的文化交流和信息传递。

第三节　网络语言对高职院校学生的影响

语言是在社会中产生的人类进行理性思维的工具。网络语言是近年来在网络环境下由现代汉语的变异而产生的新兴语体。于根元在《中国网络词语词典》中，把"网络语言"定义为："网语"是网民为了提高输入速度，在使用过程中，对一些汉语词汇、英语词汇进行适当改造，对文字、符号、图片等内容加以随意链接与镶嵌。从规范的语言表达方式来看，将"网语"中的数字、汉字、英文字母糅杂使用，势必会出现一些错字、别字，甚至在语法规范的语境下，有些互联网语言中的句子结构完全可以认为是病句，而在虚拟的网络中，它却作为"正宗"语言，为广大网民所喜爱。

网络语言简洁、多变、时尚、幽默、风趣，增加了语言的实用价值，使交流变得更加高效便捷，并成为以当下年轻人的心理需求和审美观念为导向的具有鲜明时代特征的语言表达方式。一部分网络语言因其简洁实用、方便快捷，已从网络平台走进日常生活，成为交际中的新语料。同时网络语言的使用也存在弊端，归因有三：一是部分网络语言偏离现代汉语规范；二是因缺乏监管趋向粗鄙化、庸俗化；三是一部分粗俗、浅薄、表达不符合规范的网络语言被青年学生盲目崇拜，滥用于学习场景之中，对教育教学产生一定的冲击，进而影响现代汉语使用的规范性和严肃性。

一、网络语言对高职学生的影响及成因分析

网络语言是只存在于网络上，还是走出网络进入现实生活中，这个话题已经引起相关语言学家和社会学家的极大关注。实际操作过程中，学生运用文明的网络语言进行交流，可以使语言丰富、表达生动，为人际交往增添活力和乐趣；反之，因猎奇心理而使用文明失范的网络语言，则对正常的网络社会秩序形成干扰，并将会阻碍当代学生形成积极向上的人生观。以下以高职学生为调研群体，从正反两个方面加以论证。

（一）网络语言对高职学生产生的积极影响

1.培养创新思维，实现求新求异心理追求

在传统的教育模式中，高职学生主要以在集体授课的大环境下接受老师面对面传授知识为主，属于被动"灌输式"的教育模式。在现在的教育大环境下，网络的出现使学生学习方式多样化，多途径、多手段辅助学习，拓宽学生的视野，活跃学生的生活。在虚拟的网络世界里，学生通过

发表言论，充分发挥想象力，自行创造新鲜的网络语言，彰显其与众不同的个性。由此可见，对网络语言的积极创造和正确运用，能不断激发大脑在语言模块分工上的功能，促进学生创新思维能力的培养。

当下高职学校有些课堂授课内容单一枯燥、学生所学知识缺乏利于操作的实践性，教师固化的教学方式也使学生对课堂失去兴趣。部分学生认为课堂所学知识与毕业后所要从事的工作关联不紧密，因此他们将兴趣更多转移到互联网上，以体验生活的多样性。高职学生在网络语言的使用过程中，可以克服现实生活与交往互动过程中的"失语"现象，用通俗的语言、形象化的表述来满足其表意多样化的需求，不断创新网络语言，满足其求新求异的心理。

2.人际交互方式多样，满足自主话语权需求

网络的出现，在空间上克服了距离的阻隔，使人际交互方式趋向多样化。现在在校的高职学生，好奇心强、性格活泼外向、时尚新潮，他们与外界面对面交流的机会随着网络的普及逐渐减少，网络语言成为其日常交流中不可或缺的语言。形象、生动、幽默的无障碍的网络语言表达，拉近了距离，减少了隔阂，为不曾谋面的人创造了平等互动的机会。作为新时代的青年，渴望自由，希望自主掌握话语权，自由开放、约束较少的网络平台为其提供了学习知识、获取信息、结交朋友的新通道。同时，网络语言能多样化组合、自主性搭配，不囿于传统语言形式中词汇组成、语法结构等的约束，具有一定的自主性和灵活性，满足追求自主话语权的心理需求，受到高职学生的喜爱。

3.缓解现实生活压力，培养健康快乐心态

学生在现实生活中无法排遣的压抑情绪随着互联网的出现，有了自由的、私密的宣泄通道，在虚拟网络上，他们可以向陌生人倾吐心声以获得安慰，通过参与网络游戏发泄不满情绪，缓解其在现实中的焦虑感，成

为学生最直接、最有效的减压方式。为了使交流更通畅有趣，学生还有意识在沟通交流中解构传统语言的表达，用独具个性的自造语言来活跃气氛，甚至有时被及时接纳后得以广为传播，渐渐成为新的网络词汇。由此可见，网络语言可以从多角度、多层面表达学生的人生观、价值观念，用充满活力、风趣幽默的网络语言释放生活压力，有助于高职学生健康快乐心态的塑造，增强自身缓解压力、抵抗挫折的能力，使其在磨砺中不断成长。

（二）网络语言对高职学生产生的负面影响

网络语言如同一柄"双刃剑"，一方面，它契合当下青年学生的性格特点和审美范式，颇受青年群体偏爱，为他们的学习生活、心理成长提供便利；另一方面，缩略谐音、胡乱套用等不规则和失范问题层出不穷，网络语言已不局限在特定网络交流中使用，高职学生早已将其广泛延伸到现实生活中，网络语言的生成具有自由随意、英汉杂糅、语法错乱等负面特点，加上不分场合的使用，既对传统文化观念的形成干扰，又因其不规范、随意性极强的开放式语言表达方式，使青年学生容易产生自由散漫、玩世不恭的行事态度及行为表现。通过调查分析，网络语言对高职学生的负面影响主要表现为以下几点：

1.语言运用规则及表现内容失范，冲击传统汉语结构

网络语言发展迅猛，生命力强大，对现代汉语规范提出了严峻挑战。因学生在使用时追求速度和效率，容易出现语言运用规则及表现内容失范现象：不顾及汉代汉语的语法、句法结构；对话中省略语法规范中正常句子，导致成分缺失；错字、别字大量替代规范词汇；重新解构汉语词语，改变原有规范语意。例如，"可爱"一词，被解构为"可怜的没人爱"；"天才"一词，被解构为"天生蠢材"等，与完整性和规范性语义相差甚远；重新生造网络词汇，如"人艰不拆"等，意思令人费解。青年学生群体若

一味追求快捷，追求趣味，追求个性另类，很多重构词语都是词不达意，不符合构词规律及语法规范，这样就会给其语用造成干扰。尤其在各类重要的文章写作中，网络语言的使用，会影响文章的规范性和严肃性，同时，违背传统语用规则，内容粗鄙失范，严重冲击了传统汉语结构。除此之外，部分网络语言内容恶俗、格调低下，在现实生活中不忍卒听，但凭借网络肆意蔓延。频繁出现的网络脏话、趣味低俗的网名、攻击人格的放肆嘲讽，通过网络渠道以最快速度传播，影响了大学生的人格塑造，并误导其价值取向，同时还有部分青年学生认为这是追赶潮流，盲目听从，无视场合、随处滥用网络语言。这种对网络语言的优劣不能在加以甄别后再合理使用的做法，极不利于我国社会当下精神文明建设。

2.追求用语新奇简便，降低优秀语言文字的吸引力

语言习得是一个长期、系统的过程。汉语言文学以其独具魅力的文字表现形式、隽永深长的意境含蕴，在人类文明历史上书写了浓墨重彩的一笔。优秀传统文化的弘扬和传承，是我国成为文化强国极为关键的环节。恬淡惬意的山水田园风光、慷慨激昂的悲歌、边塞的风卷残雪，在诗人词家的笔下绽放异彩，这是值得当下青年学生细细品读的。互联网的出现为网络语言的发展提供了更为宽广的平台，丰富多样的网络文化催生出各种形式的网络作品。偏离汉语构词结构、不合语法规范的网络"快餐文化"因其内容浅显易懂、阅读方式碎片化而更受青年学生青睐，其新奇的改编方式更符合高职学生的猎奇心理，使他们在内心对合乎语法规范的优秀白话文作品、字字珠玑的古代文言文作品产生抵触心理，在某种程度上削弱了青年学生对优秀传统文化作品的学习兴趣和学习能力，降低了我国优秀语言文字作品的吸引力。

3.缺乏必要自我约束，影响正确人生理想的树立

当下我国总体社会环境氛围是极其有利于高职学生成长成才的。同

时我们也要清醒地看到，青年学生的人格塑造、修养锤炼此时还需要进一步加强，他们在心智和思想上都未完全成熟，很容易受外界影响。前途未知、就业压力、人际交往受挫等因素，都将对学生以往的认知产生冲击，使其产生茫然感和无力感，继而产生情绪波动，导致其意志消沉，无法静心学习，更有甚者因找不到合理的排遣方式而患抑郁症等疾病，严重影响其身心健康。此时，对学生进行心理辅导、疏通郁结的方法很多，如求助老师、同学、心理咨询师等。同时，适度通过网络宣泄，寻找倾诉对象，寻求解压方法，也能够适当放松身心，对情绪进行良性干预，可以自我缓解压力，使学生的身体和心理恢复到健康状态。但若视互联网为法外之地，不加约束地过度宣泄，使用不文明网络语言，甚至出现网络语言暴力，将会影响青年学生塑造自身性格，干扰其正确的人生观念的树立。同时，过分依赖网络、沉溺于虚拟时空，迷恋使用网络语言，会在一定程度上削弱学生自制力，容易被网络上居心不良者利用，冲动地发表不当言论，养成随心所欲、玩世不恭的心态，他们缺乏社会责任感，继而无法担当其建设祖国的重任。

二、优化网络语言环境，提高高职学生素质的策略

当下社会对待网络语言的态度大概可以归纳为以下三种类型。一是全盘否定。有部分学者认为，网络语言违背语言学中的词汇、语法的构造规范，无序随意的网络语言"走下"网络，成为青年学生现实生活学习、交流中常用口头语，甚至在某种程度上发挥着替代"主流语言"的作用，因此我们应采取措施抵制网络词语泛化，保持汉语语言规范。二是完全肯定。时代的发展进步促使网络语言的出现，随着人们整体素质的不断提高，粗俗浅薄的网络语言终将被淘汰，应推陈出新而非故步自封。三是理性认知。去伪存真，汲取精华，使语言内容表达更加多样化。

语言变革是反映时代进步过程中的一个环节，网络语言是互联网高科技时代的必然产物。我们应充分认识到网络语言的双面性，提倡科学运用，汲取合理内容，弃其庸俗内容。对网络语言的态度，尤其是高职院校学生不应盲目追求潮流，要客观看待网络语言所带来的影响。健康向上的网络语言的使用应被积极提倡，他们要从网络语言中了解社会现实生活，顺应时代发展潮流。对网络语言所带来的负面影响，尤其是对无序低俗的网络语言要甄别扬弃，防止泛化。针对高职院校学生现状，高校的教育工作者必须从自身开始给予重视，并采取有效的科学措施加以防范。

（一）加强相关法律知识学习，强化道德自律意识

高校应引导学生充分认识到任何情况下的自由，都是相对自由，都是有界限的，网络交流也是如此，是以不能侵害他人的合法权益为最底线的。如果超越底线，就可能构成违法犯罪。

高校要在思想政治教育评价体系中，一是纳入网络话语规范化建设的内容，运用各种手段促进青年学生从自身做起，形成网络道德自律意识，并不断强化。二是坚决抵制和摒弃低俗、粗陋的网络语言，在法律框架内对学生进行正向引导，鼓励学生使用积极向上、内容健康的网络语言，从自身做起，加强语文文字规范化知识的学习，自觉对网络语言加以甄别后使用。三是正确引导高职院校学生培养健康的网络素养，牢固树立法制观念，正确使用网络语言，提升校园网络文化的正向感染力和影响力，营造良好规范的校园网络生态环境。

（二）利用公共传媒教育，提供良好网络运行环境

网络信息是个开放平台，具有丰富、海量、繁杂的特点。第45次中国互联网络发展状况统计报告显示：截至2020年3月，我国网民规模为9.04亿，互联网普及率达64.5%，庞大的网民构成了中国蓬勃发展的消费市场，其中，年龄在19~29岁的学生群体占比为26.8%，是网民中规模最大的群

体。由此可见，网络已经成为影响高职院校学生生活、学习的重要因素之一。

公共传媒是凝心聚力的重要手段，在社会主义市场经济条件下、在社会快速转型的关键期，各类公共媒体必须承担起应有的社会责任，充分发挥大众的社会职能，自觉对相关内容质量加以甄别把关，为学生提供有益于身心健康的精神产品。在运行过程中，公共媒体要坚持创设积极向上的正能量主题，营造良好的社会舆论氛围。通过媒体宣传，树立一批具有时代特色、堪称时代楷模的青年偶像，如"抗疫战争"中的医护人员、为祖国科研事业无私奉献的科学家等，来引导青年学生形成正确的道德标准和价值观念。

当下青年学生手机使用的普及，使手机新媒体成为引导青年学生健康成长的新阵地，各运营商要积极响应党团组织的号召，遵从维护青年学生健康成长的主旨，以提供绿色、健康内容为核心内容，全面落实青年学生互联网、移动互联网等专属网站建设任务，宣传主流价值观、选用正向网络话语，将两者有机结合，提供健康有益的内容给青年学生。

（三）倡导优秀校园文化，引领网络语言正向发展

对高职院校自身管理而言，要始终坚持正确舆论导向，全力促进校园网络道德建设，运用好现代多媒体教育手段，倡导优秀校园文化，增强组织感召力，培养学生对主流价值体系的认同感。教师要依托《高职语文》《中国传统文化鉴赏》《应用文写作》等高职学生通识课开展课程教学，在课堂上规范教学语言，挖掘汉语言文字的深层内涵，引导学生规范使用语言文字，充分体会优秀传统文化的魅力，培养语文素养，提升语言审美品位，提高学生规范语用能力，形成良好的语言表达习惯。

高校要多途径多角度开展各类文化活动，促进校园文化正向发展。例如，以网络语言为主题，举行网络知识竞赛、优秀网络语言征集、大专

生网络辩论赛、校园网络主持人大赛、"以书会友"活动、网络诵读比赛、优秀古诗文诵读大赛等各项活动，线上与线下校园文化活动相结合，倡导学生"说文明语，写规范字"，推进优秀校园文化建设。另外，在校园里建立微信公众号、论坛、微博官方平台、QQ群、校园App、手机微信群、美篇推送群、校内网、直播平台等，将网站上的内容与高职院校学生的成才发展紧密结合起来，学生可以在网上发表观点，阅读自己喜欢的文章，了解校园活动，组织开展以社会主义核心价值体系为主题的网上征文活动，促使高职院校学生主动学习社会主义核心价值体系的相关理论知识等。

随着互联网的普及，网络语言研究受到更多专家学者的关注。网络语言的使用几乎涉及校园生活的各个层面，结合笔者学校学生的特点，针对网络语言给高职院校学生带来的双面影响力进行了深入细致的阐述，不断开创新思路，针对引导高职院校学生在正确客观对待网络语言，提高网络素养等方面提出一些具有创新价值的观点和可操作性更强的对策，以发扬网络语言的优势，消除其不利影响，引导高职院校学生用科学、客观的态度正确对待和使用网络语言，使其沿着积极向上的方向健康发展。

第四节　高职院校学生对网络语言的态度

一、接受和使用

在当今高职院校的学生群体中，对网络语言的态度反映了他们作为新一代"数字原生代"的独特文化和沟通偏好。这些学生通常倾向接受和使用网络语言，因为这种语言形式在他们日常生活中的社交媒体和在线交流中占据重要地位。对他们来说，网络语言不仅是一种简便的沟通工具，也是表达个性、增添趣味和融入社交群体的有效方式。高职院校的学生往往被称为"数字原生代"，这意味着他们在数字技术和互联网环境中长大，对数字工具和在线交流有着天生的熟练度与适应能力。学生更倾向使用与技术发展密切相关的语言形式，如网络语言。与传统的书面语言相比，网络语言更加直接、简洁，并且常常结合表情符号和缩略语，能够更准确地表达情感和思想，这符合学生快节奏、即时性的沟通需求。在社交媒体平台如微博、Instagram 和抖音等，学生可以频繁地使用网络语言来表达对话题的看法、分享生活经历，甚至是参与到流行话题的讨论中。这些平台强调个性化和即时互动，网络语言的使用恰恰能够帮助他们与朋友和同学建立更亲密的关系，增强社交网络中的互动性和趣味性。对许多高职院校的学生而言，网络语言具有现代感和时尚性，能够体现个人与时俱进的形象。在快速变化的社会和文化环境中，学生渴望展现自己对流行文化和时事的敏感度与理解力。通过使用流行的网络语言和梗，学生能够表达对最新趋势和话题的态度，从而可以在同龄人中获得更多的认可和尊重。

网络语言的使用反映出学生对多样化文化和全球化交流的开放态度。在跨文化交流和国际化学术环境中，网络语言作为一种全球通用的语言形式，有助于跨越语言和文化的障碍，促进多样化的理解和交流。通过参与到全球范围内流行的网络语言使用中，学生不仅可以扩展自己的社交圈子，还可以加强与国际同龄人的交流和互动，增强自己的国际视野和文化包容性。

二、谨慎和区分

在高职院校的学生群体中，对网络语言的态度存在着多样化和差异化。相比部分学生倾向接受和频繁使用网络语言的态度，另一些学生则更加谨慎地对待这种语言形式，尤其是在正式场合或与教师、学术界人士进行交流时，他们更倾向使用标准化的语言和书面语，以展示自己的专业素养、沟通能力和对正式场合的尊重。对这些高职院校的学生来说，他们更注重语言使用的准确性和专业性。在学术和专业交流中，特别是与教师、导师或其他学术界人士的沟通过程中，使用标准化的语言和书面表达方式往往被视为展示自己学术能力和严谨态度的重要途径。这些学生认为，网络语言虽然便于理解和使用，但在正式场合使用可能会显得不够严肃和专业，可能会影响到沟通效果和个人形象。他们可能更倾向在与陌生人或不熟悉的人群交流时，使用更为正式和传统的语言形式，以避免出现误解和歧义。在面对不同的社交环境和文化背景时，选择适当的语言表达方式显得尤为重要，能够有效地促进沟通的顺畅和有效性。

一些学生可能认为，网络语言虽然在非正式场合可以增加交流的趣味性和亲近感，但在特定的职业和工作环境中，还是需要更为谨慎和规范的语言表达。例如，在实习、就业面试或与行业专家交流时，学生通常会避免使用非正式或流行的网络语言，而是选择更为正式和适当的用语，以展现自己的专业素养和成熟度。对一些有意识追求个人形象的学生来说，语言的选择和使用方式也是影响个人形象和社交效果的重要因素之一。他们可能会根据不同的社交平台和交流场合，灵活选择语言风格，以确保与目标受众之间的有效沟通和理解。然而，尽管一些学生在正式场合中更加倾向使用标准化的语言和书面表达，他们也能够理解和尊重其他人选择使用网络语言。他们认为，每种语言形式都有其适用的场合和优势，不同的沟通需求和目的决定了最合适的语言使用选择。因此，学生在实际应用中可能会根据情境和对话对象的特点，灵活调整自己的语言风格和表达方式，以实现最佳的沟通效果和交流结果。

三、抵制和保守

高职院校学生对网络语言存在着多样化的态度，其中一部分学生持保守和抵制的观点。这些学生认为网络语言的语法结构不规范、表达不清晰，甚至可能损害到语言使用的规范性和准确性，因而更倾向使用传统的书面语言和正式的语言表达方式。对这些学生来说，他们对网络语言使用的保守态度反映了他们对语言准确性和规范性的重视。网络语言往往具有简化的语法结构、大量的缩略语和表情符号等特点，这些特点可能会导致表达的不精确和信息传播的模糊。在他们看来，传统的书面语言具有更为严谨和规范的语法规则，能够确保信息传达的准确性和清晰度，因此更适合用于正式的学术和专业交流。抵制使用网络语言的学生认为，过度依赖网络语言会削弱学生的语言表达能力和沟通技巧。他们担心，长期使用简化和不规范的语言形式会影响学生的写作能力和口头表达能力，导致他们在学术和职业领域中的竞争力受损。因此，他们更倾向在学习和交流中，多使用正规的语言表达方式，以培养和提升自己的语言能力和专业素养。同时这些学生可能还关注到语言使用的文化和社会影响。他们担心，过于依赖流行的网络语言可能会导致语言的同质化和标准化，减少了语言的多样性和个性化。语言作为文化的重要组成部分，应该保持其独特性和丰富性，而不是随着网络时代的发展而遭到简化和扭曲。这些学生认为，过度使用网络语言可能会在一定程度上影响社交和人际关系的深度与真实性。他们担心，过于依赖表情符号和简化的语言形式可能会导致人们在交流中失去了面对面交流的情感表达和细腻性。因此，他们更愿意通过传统的语言表达方式，来保持和增强人与人之间的沟通及理解能力。然而，尽管一部分学生对网络语言持有保守和抵制的态度，他们也能够理解和尊重其他学生选择使用网络语言的自由和个性。每种语言形式都有其独特的优势和适用场合，学生应根据具体情况和沟通需求灵活选择。在实际应用中，学生可能会根据不同的社交和学术环境，选择适合的语言风格和表达方式，以实现最佳的交流效果和个人形象的塑造。

四、语言适应

高职一部分学生展现出其对语言的灵活适应能力，他们能够根据不同的社交和沟通情境选择合适的语言风格。这种态度反映了他们对语言功能和社交应用的深刻理解，同时也体现了他们对个人形象和沟通效果的关注。这些学生可以意识到语言在不同场合中发挥的作用和带来的影响。在日常与同学、朋友的非正式聊天过程中，他们可能更倾向使用网络语言，这种语言通常简洁、幽默，并且能够增加亲近感和轻松氛围。通过使用流行的网络词汇、表情符号和梗，他们能够快速与同龄人产生共鸣，加强群体认同感和互动体验。在这种情境下，网络语言不仅是交流工具，也是学生社交互动中不可或缺的一部分，有助于缓解学术压力和日常生活中的紧张气氛。当涉及学术或正式场合时，这些学生会选择更为正式和传统的语言表达方式。在课堂上、与教师或学术界人士的交流中，他们通常会采用标准化的语言和书面表达，以展示自己的学术素养和专业形象。这种转变显示出他们对沟通环境的敏感性和适应能力，能够在不同的社交情境中保持适当的语言风格，确保信息的准确传达和沟通的有效性。同时这些学生的语言适应能力还体现在他们对文化和社会背景的理解和尊重上。他们明白不同文化背景和社交圈子中语言使用的差异，因此他们能够根据交流对象的特点和需求，灵活选择语言表达方式。这种尊重和包容的态度有助于学生建立积极的社交关系，促进跨文化交流和理解。另外，这些学生的语言适应能力还反映了他们对个人形象管理的重视。他们明白在不同场合选择合适的语言风格不仅有助于有效沟通，还能够塑造积极的个人形象和收到满意的社交效果。因此，在社交媒体的使用过程中，学生可能会根据平台特性和受众偏好调整语言风格，以增加内容的吸引力和影响力。

第三章
网络语言对高职院校学生语言能力的影响

第一节　网络语言对高职院校学生写作能力的影响

一、词汇量对高职院校学生写作能力的影响

（一）词汇丰富度

随着信息时代的快速发展，网络语言已成为人们日常交流的重要工具之一。尤其是在高职院校的学生群体中，网络语言的使用频率极高。这种现象虽然带来了诸多便利，但同时也对学生的写作能力产生了深远的影响。网络语言的普及使学生的词汇结构趋于单一。网络语言多为简化和缩略词，诸如"LOL"（大笑），"BRB"（马上回来），"TTYL"（改天聊）等，这些词汇的使用减少了学生对复杂词汇和表达方式的接触。如果学生在日常交流中习惯于使用这些简化的表达方式，久而久之，就会忽视正式写作中需要的多样化词汇。例如，一位学生在作文中可能会写"这个事情让我觉得很LOL"，而不是用更正式的表达方式，如"这个事情让我觉得非常可笑"。这种词汇的单一化不仅降低了文章的表达力，还会影响读者对文章的理解和评价。

网络语言的频繁使用使学生在写作中容易出现口语化的倾向。网络语言通常具有强烈的口语化特征，学生在使用网络语言进行交流时，习惯了简洁、直接的表达方式。在正式写作中，他们可能会不自觉地沿用这种口

语化的表达方式，导致文章缺乏严谨性和规范性。例如，学生在写作中可能会使用"我觉得"这样口语化的表达，而不是用"在我看来"或"我认为"这种更正式的表达方式。这种口语化的表达不仅影响了文章的整体质量，还容易使文章显得不够严肃和专业。同时网络语言的广泛使用还可能导致学生的语法和拼写错误增多。网络交流中，人们对语法和拼写的要求较低，学生如果在这种环境中长期习惯了不规范的语言使用，可能就会在正式写作中沿用这种不规范的表达方式。例如，学生如果在网络交流中习惯使用缩写词和拼音输入法，可能就会在写作中出现错别字或语法错误。这不仅会影响文章的可读性，还会降低学生的语言表达能力和写作水平。

（二）新词和流行词汇

网络语言新词和流行词汇在网络交流中得到了一定的普及，并成为年轻人日常沟通的重要组成部分。然而，正因为其非正式和随意的特性，这些词汇在正式写作中的不当使用可能导致表达不够准确和严谨。网络语言通常简化了传统的语法和句法结构，使得表达更加口语化和随意化。这种简化在日常交流中无疑提高了沟通效率，但在正式写作中则可能导致表达的含糊不清和逻辑的不严密。例如，"你真牛！"这一网络语言在口语中表达了对某人能力的高度赞扬，但在正式写作中，如果学生用这样的表达方式，就显得不够庄重和专业。网络语言中的一些词汇和短语是基于特定的文化背景和时下的流行趋势而产生的，具有很强的时效性和地域性。这种特性使得这些词汇只有在特定语境下使用才能被正确理解，若用于正式写作，可能就会导致信息被误解或曲解。例如，"躺平"这个词在网络上表示对生活的一种消极态度，而在正式写作中使用这个词，可能让读者无法准确把握其含义，甚至产生误解。

网络语言中的一些表达具有夸张和幽默的特点，这些特点出现在正式写作中就会显得不够严肃和理性。例如，"笑死我了"这样夸张的表达在网络聊天中常见，但如果学生在论文或报告中使用这样的表达，则显得不够专业和客观。正式写作要求语言的精确和严谨，网络语言的随意性显然与之相悖。过度依赖网络语言会导致学生忽视传统语言表达能力的培养。学生需要掌握丰富的词汇和多样的表达方式，以便准确地传达思想和观点。网络语言的泛滥使用可能使学生的词汇量和语言表达能力受到限制，进而影响其写作水平的提高。一个习惯使用网络词汇的学生可能在描述一个现象时，难以找到适合的传统词汇，导致其表达的局限性。

二、语法和句式对高职院校学生写作能力的影响

（一）句子结构

网络交流中常见的简单、断断续续的句子结构，将有可能对高职院校学生的写作能力产生一定的影响。这种影响不仅体现在句子结构的简单化上，还可能导致学生在正式写作中缺乏复杂句和多样化句式的运用能力。网络交流的即时性和快速性促使学生倾向使用简短直接的句子来表达思想。例如，"我很喜欢这部电影。"这样的简单句在日常聊天或社交媒体评论中很常见，但在正式的学术论文或报告中，这种简单句的使用显得过于直白和缺乏表现力。学生可能习惯追求即时反馈和简洁表达，因而忽视句子结构的多样性和复杂性，进而会影响其在正式写作中的语言表达能力。

网络交流中频繁使用的断断续续的句子结构，如短语和简单从句的堆砌，可能会使学生失去构建复杂句和并列句的能力。例如，"今天天气不错，我打算去公园。"这样的句子结构简单明了，适合口语交流，但在需要详细阐述和逻辑严谨的学术写作中，这种句式显然不够优雅和精确。学生若习惯这种断断续续的表达方式，可能就会在正式写作中出现句子缺乏连贯性和逻辑清晰性的问题。同时网络交流中常见的省略和简化表达方式，也会对学生的写作能力造成一定影响。例如，"不知道你收到没？"

这样的简化句在网络聊天中很普遍，但在正式书面表达中，缺少必要的主谓宾结构和语法规范，进而会影响语言表达的准确性和规范性。学生可能因为习惯这种简化表达而忽视语法的严谨性和句子结构的完整性，导致其在写作中出现语言不通顺或逻辑不严谨的问题。

（二）语法错误

网络语言具有随意性和非正式特点，学生在写作中使用网络语言常常会犯一些基本的语法错误，如标点符号使用不当、句子结构混乱甚至词语拼写错误，这些问题可能导致他们的表达不够准确和清晰。网络语言的快速发展和即时交流的特性使得学生习惯使用简化与简便的表达方式。例如，在网络聊天中，学生经常使用简略的句子和省略标点符号，这种习惯可能使其在正式写作中会忽略标点符号的重要性和正确使用方法。例如，"你好啊好久不见"这样的句子结构在网络交流中或许无伤大雅，但在书面正式文体中，缺少逗号和句号会使读者难以理解与解读作者的意图。网络语言中常见的简化表达和缩略语使用，如"BTW"（顺便说一下）、"LOL"（笑死我了）等，可能使学生在书面表达中出现语法不规范的问题。这些缩略语在网络交流中虽然方便快捷，但在正式写作中属于不恰当的语言使用，会导致学生在表达自己观点和思想时显得不够严谨与正式。

网络语言的流行有可能影响到学生对语法规则的理解和掌握。在网络交流中，学生更注重信息传递的速度和内容的简洁，而对语法规则的正确性则容易忽视。这种情况下，学生可能会因为缺乏对语法的深入理解而在写作中出现一些基本的语法错误，如主谓不一致、时态混乱等，这不仅会影响文章的整体质量，也可能影响到读者对内容的理解和接受度。为了提升高职院校学生的写作能力，特别是在语法方面，教师需要通过系统的语法教学和实践活动来强化学生的语言基础。教师应当引导学生从理解语法规则的重要性入手，通过例句分析、错误纠正等方式帮助他们达到掌握语法的基本要求。通过书面作业和写作练习，培养学生对语法正确性的敏感度和自我纠错能力，使他们在写作时能够避免出现常见的语法错误，提升表达的准确性和规范性。

三、思维方式和逻辑性对高职院校学生写作能力的影响

（一）思维连贯性

网络交流具有即时性和碎片化特性，学生在网络交流中习惯快速切换话题、点对点地交流信息，这种习惯可能导致他们在正式写作中难以构建连贯的思路和完整的逻辑结构。网络交流中常见的片段化表达方式，如简短的评论、即时的回复等，使得学生习惯用零散的信息片段来表达观点和思想。例如，人们可能会对话题进行短暂的评论或点赞，而不是进行深入探讨和系统分析。这种片段化的交流习惯可能使学生在写作时难以将各个观点和论据连成一个完整的、有机的整体，从而影响文章的逻辑连贯性和条理性。习惯网络交流的快速转换和信息碎片化这些表达，可能导致学生在写作中出现逻辑跳跃或思维不连贯的问题。例如，学生可能会在文章中突然转换话题或思维，因为缺乏合理的过渡和连接，使得读者难以跟随作者的思路和推理过程。这种问题不仅会影响文章的整体逻辑性，也会降低读者对文章内容的理解和接受度。习惯网络交流中流行的即时反馈和快速回复，使得学生在写作时可能缺乏深入思考和系统规划的能力。学生习惯追求即时的反馈和表达即时的情感或观点，而在写作中却需要更多的时间和精力来整理和深化自己的思考，这种转变可能对他们构建连贯的思路和逻辑结构构成挑战。

（二）深度思考能力

网络语言通常以简化和直接的方式进行交流，学生可以使用大量的

缩写词和表情符号来表达情感与观点。例如，用"LOL"表示大笑，用"BRB"表示马上回来，用"TL;DR"表示太长不读等。这些简化的表达方式使得学生在习惯快速表达观点的同时，也可能失去其对问题深入探讨和分析的习惯。在写作时，学生可能倾向使用类似的简化表达，而不是进行复杂的思维过程和深度的分析。习惯网络语言的短期记忆和快速反应特性，使学生在表达观点时更注重即时效果和情感表达，而不是进行系统性的论证和深入思考。这种快速反应的训练可能使得学生在写作时缺乏耐心和深度，难以进行全面的分析和综合思考。例如，学生可能倾向使用简单直接的观点陈述，而不是通过逻辑推理和详细分析来支持自己的论点。同时网络语言的互动性和即时性也可能使学生习惯追求即时反馈和短期效果，而忽视了深度思考和长期成果。在学术写作中，深度思考和系统性论证是至关重要的，而这些能力需要长期积累和训练。网络语言的使用习惯可能使得学生缺乏耐心和长期思考的习惯，进而影响其在写作过程中的思维深度和表达能力。

学校和教师可以通过课堂教学与作业布置，鼓励学生进行系统性的思维训练和深度的分析能力培养。例如，引导学生在写作过程中进行多角度的思考和全面论证，注重逻辑性和思维的深度展开。教师可以设计一些挑战性的写作任务和讨论课，促使学生在写作和讨论中进行更为深入的思考与分析。通过引导学生阅读经典文献、学术文章等，培养他们对问题深度思考和系统性分析的能力。同时学生个人也应注重培养自己的深度思考能力。学生可以通过广泛阅读、独立思考和参与讨论等方式，增加自己的思维深度和逻辑推理能力。在写作过程中，学生应注重细致论证和全面的观点阐述，避免出现简单化和浅层次的表达方式。

四、写作动机和态度对高职院校学生写作能力的影响

（一）写作兴趣

随着网络语言的流行，它不仅对学生的写作能力有影响，还对学生的写作兴趣产生了积极的影响。特别是在创意写作和非正式写作方面，网络语言的趣味性和互动性可能激发学生更多地参与到写作活动中。网络语言以其独特的表达方式和丰富的表情符号，增加了写作的趣味性和情感表达的多样性。学生习惯使用各种表情符号和表达方式来传达情感和观点，这种表达方式会在一定程度上影响他们在创意写作和非正式写作中的表达风格。例如，学生可能会在作文中使用类似于"哈哈""嘻嘻"的语气词，来增强文章的幽默感和亲和力，从而使写作更具趣味性和个性化。

互联网为学生提供了与他人交流和分享写作成果的平台。在社交媒体和网络论坛上，学生可以发布自己创作的作品，获得即时的评论和反馈。这种互动和分享的过程不仅可以增加学生对写作的参与感和成就感，还可以促进他们在写作中的进步。网络语言的流行使得学生更容易接触到各种文学作品和创意的表达形式。通过网络平台，学生可以轻松地获取到来自全球各地的文学作品、短篇小说和创意写作，这些作品不仅可以培养学生的文学素养，也可以激发他们进行创意写作的兴趣和动力。例如，学生会受到网络上流行的创意写作的启发，积极参与到各种创意写作比赛和活动中去。

（二）写作态度

习惯网络语言的随意性和口语化表达使得学生在正式写作中容易忽视语言的规范性。学生可以自由使用各种缩略语、表情符号和非正式的表达方式，这种习惯会在一定程度上迁移到他们的正式写作中。例如，在写作论文或报告时，学生可能会使用口语化的表达，如"我觉得""蛮好玩"

等，而不是采用更正式的语言。这种不严谨的表达方式不仅会降低文章的学术性和专业性，还可能影响读者对文章的评价。习惯网络语言的简化和直观表达方式，使得学生在正式写作中缺乏对细节和逻辑的重视。为了快速传达信息，学生往往倾向使用简短的句子和简单的词汇，这种表达方式在正式写作中显然是不合适的。正式写作要求具有清晰的逻辑结构、严谨的论证过程和详尽的细节描述，而这些正是学生在习惯网络语言的简化表达后容易忽视的部分。例如，学生在写作论文时可能会忽略对数据和证据进行详细的分析，只是简单地陈述结论，而缺乏深入的论证和推理。习惯网络语言的即时性和互动性也会影响学生对正式写作的态度。学生习惯即时得到反馈和互动，而正式写作往往需要花费更多的时间和精力去推敲与修改。由于缺乏即时反馈的刺激，学生可能会对正式写作感到乏味和缺乏动力，从而影响他们对写作质量的追求和写作态度的严谨性。

学校和教师应加强对学生规范写作的教育，通过详细讲解和实例分析，让学生认识到正式写作与网络交流中语言表达的区别，以及正式写作在学术和职业生涯中的重要性。教师可以在教学过程中设置严格的写作要求和评分标准，强调语言的规范性和逻辑的严谨性。通过对学生作业的细致批改和反馈，帮助他们发现和改正不规范的表达方式，逐步培养他们严谨的写作态度。学校可以组织各种写作培训和工作坊，邀请专业作家和学者为学生讲解写作技巧与规范要求。通过这种形式，学生不仅可以学习到实用的写作方法，还可以提升他们对正式写作的兴趣和重视程度。同时学生自身也应积极调整对正式写作的态度，认识到写作规范和严谨性的重要性。学生可以通过阅读优秀的学术文章和文学作品，提高自己的语言表达能力和逻辑思维能力。学生应注重推敲每一个句子和段落，确保语言表达的准确性和逻辑的严密性。

第二节　网络语言对高职院校学生口头表达的影响

一、语言风格的非正式化对高职院校学生口头表达的影响

（一）口语化倾向

网络语言的广泛使用导致学生在日常交流中习惯口语化表达，这种习惯在正式场合中可能会带来不利影响，使得他们的表达不够正式和严谨。网络语言的简洁和随意性使学生在正式场合中难以适应正式语言表达的要求。简洁、快速表达是网络语言常态，学生经常使用缩写词、表情符号和流行语来传递信息。这种习惯在正式的口头表达中会显得不够严肃和专业。例如，在进行学术报告或职场演讲时，使用诸如"这个东西挺好玩的"或"我觉得蛮不错"这样的表达，会显得缺乏深度和权威性，不利于听众对其内容的信服和认可。

网络语言的高频使用会导致学生在正式场合中表达不规范。网络语言中的语法和句式常常是不完整或不严谨的，学生如果在日常交流中长期使用这些不规范的表达方式，就会逐渐影响其对标准语言规范的掌握。在正式口头表达中，这种不规范的表达方式会降低沟通的有效性。例如，学生若在学术讨论中使用"反正吧"或"总之呢"这样的模糊词汇，无法清晰地传达自己的观点和逻辑，就会影响交流的效果和质量。同时网络语言的口语化特征还可能导致学生在正式场合中表达不够自信和流畅。网络语言强调快速和便捷，学生习惯使用碎片化的信息交流，而在正式场合中，往往会要求连续、系统地表达观点，这对习惯网络语言表达的学生来说可能是一种挑战。学生可能就会在表达过程中出现停顿、重复或词不达意的情况，影响其表达的流畅性和自信心。例如，在面试或公开演讲时，学生可能会因为紧张或不习惯正式语言的使用，而出现语言不连贯或表达不清晰

的情况，影响其整体的表现。

（二）俚语和缩写的使用

网络俚语和缩写词在网络交流中得到广泛使用，极大地简化了交流过程，提高了交流效率。例如，用"LOL"代表"大笑"，用"OMG"代表"天啊"，用"BRB"代表"马上回来"等。这些简洁的表达方式在网络环境中是有效的，但在正式场合中却显得不够正式和专业。例如，在学术报告或工作汇报中，使用这些网络俚语和缩写词会让听众觉得不严肃，不符合正式交流的规范，影响沟通的严谨性和专业性。

网络俚语和缩写词的频繁使用会影响学生语言表达的规范性。学生如果在日常交流中习惯这些简化的表达方式，可能就会在正式场合中不自觉地使用，从而破坏语言表达的规范性。例如，在求职面试中，学生可能会不自觉地使用"u"代替"you"或用"BTW"代替"by the way"，这些不规范的表达方式会让面试官觉得申请人缺乏语言的正式训练，影响其专业形象和表达效果。同时网络俚语和缩写词的使用还会导致表达不够清晰。在正式场合，清晰准确表达至关重要，然而，网络俚语和缩写词往往带有模糊性和多义性，可能导致误解和信息传递不准确。例如，用缩写"IDK"代表"我不知道"，但若在正式会议中，使用这种表达就会显得不够严肃和明确，影响沟通的有效性和准确性。

二、表达的简洁性和清晰性对高职院校学生口头表达的影响

（一）简洁性

网络语言以其简洁和快速的特点而广受欢迎，尤其在快速交流和即时通信中得到了广泛应用。然而，这种表达方式对高职院校学生的口头表达能力产生了一定影响，尤其是在正式场合中，过于简短的句子和信息传

递方式可能会影响表达的完整性与清晰性。网络语言强调简洁性，常常通过缩写和省略来快速传达信息。例如，用"FYI"代表"供你参考"，用"ASAP"代表"尽快"等。这种简洁的表达方式在非正式的网络交流中非常有效，但在正式场合中，如果学生习惯使用过于简短的句子，就可能无法完整传达信息。例如，在学术报告中，简短的句子可能会缺乏必要的背景信息和逻辑连接，导致听众无法全面理解演讲的内容。

网络语言的快速性和即时性使学生在正式场合中倾向快速表达，而忽略细节和逻辑的严密性。学生习惯快速打字和即时回应，这种习惯在口头表达中可能表现为快速说话和简短回答，缺乏详细的解释和论证。例如，在课堂讨论或工作汇报中，学生可能会用简短的句子来回答问题或陈述观点，而没有提供足够的细节和支持材料，这会影响听众对其观点的理解和信服度。同时网络语言的简洁性还可能导致学生在口头表达中缺乏深度思考和分析的能力。快速反应和简短回答是常见的，但正式场合的口头表达往往需要深入思考和全面分析。如果学生在正式场合中仍然习惯用简短的表达方式，就可能无法充分展示其思维的深度和逻辑的严谨性。例如，在学术辩论中，简短的句子可能无法有效地支持复杂的论点，使得学生在辩论中处于劣势。

（二）清晰性

网络语言中的许多表达方式具有高度的简化和符号化特征。学生在日常网络交流中习惯使用缩写、表情符号和俚语，如用"SMH"表示"摇头不语"，用"TBH"表示"说实话"等。这些符号化的表达方式在非正式环境中能迅速传达信息，但在正式的口头表达中却可能造成理解障碍。例如，当学生在学术报告或商务会议中使用类似"IDK"（我不知道）这样的缩写时，听众可能会对其含义产生困惑，从而影响信息传递的准确性和交流的效率。网络语言中的一些表达方式本身就具有模糊性和多义性，交流者往往通过上下文和互动过程来弥补这些模糊性，但在口头表达中，尤其是缺乏互动反馈的正式场合，这种模糊性会显得尤为突出。例如，网络俚语"lit"可以表示"很棒"或"很激动"，但在正式场合使用时，听众可能就会不明白其具体含义，从而导致误解和信息传递的失真。同时网络语言中的抽象表达方式也可能影响口头表达的清晰性。网络语言有时会使用抽象和隐喻性的表达方式来传达交流者复杂的情感和思想，这在网络环境中是一种有效的沟通手段。然而，抽象的表达方式可能会使听众感到困惑，无法准确理解发言者的意图。例如，学生在学术讨论中使用"这件事让我感觉像在云端"这样的比喻句式表达，可能会让听众难以把握其具体含义，从而影响沟通效果。

学校应加强对学生语言规范和表达技巧的教育，通过专门的课程和训练，帮助学生掌握正式场合的语言使用规范。教师应指导学生如何在不同的交流环境中选择适当的表达方式，避免使用含糊不清或过于抽象的网络语言。教师可以通过模拟正式场合的演讲、辩论和报告等活动，让学生在实践中体验和改进自己的口头表达能力。在这些活动中，教师可以提供具体的反馈和建议，帮助学生发现和改进语言表达中的模糊点和抽象问题。同时学生个人也应积极培养自己的语言表达能力。学生可以通过多读书、多听正式演讲等方式，学习如何在口头表达中使用清晰、准确的语言。在日常交流中，学生应有意识地练习使用规范的语言进行表达，避免使用网络语言中的模糊和抽象表达方式。

三、表达习惯和态度对高职院校学生口头表达的影响

（一）随意性

网络语言的广泛使用可能使学生在正式场合中语言表达显得随意，缺乏对正式交流的重视。这种随意性不仅会影响他们的专业形象，还可能对

其学术和职业生涯产生不利影响。网络语言的随意性体现在其表达方式的非正式性上。学生习惯使用口语化、简略的表达方式，如用"啥"代替"什么"，用"咱们"代替"我们"。这些表达方式在网络聊天中无伤大雅，但在正式场合中使用则显得不够严肃和专业。例如，在学术报告或职场演讲中，使用类似"这个东西蛮好玩"的表达会让听众觉得发言者不够认真，使发言者缺乏对交流内容的深度理解和严谨分析。

网络语言中的大量俚语和流行词汇也加剧了表达的随意性。例如，用"打卡"表示到达某地或完成某事，用"爆灯"表示极大喜欢和支持。这些词汇的使用在年轻人中非常流行，但在正式场合使用时会显得不够庄重和正式。学生在面试、学术会议或正式讨论中使用这些词汇，不仅会让听众感到困惑，还会有损他们的形象。例如，如果学生用"这个工作我觉得超级棒"来表达对职位的兴趣，可能就会被认为不够严肃和专业。同时网络语言的随意性还表现在其句式的随意和不规范上。学生习惯打断和快速切换话题，句子结构也常常不完整。例如，"那个什么，就是说…"这样的表达方式在非正式聊天中很常见，但在正式场合中这样说就会导致沟通内容不清晰和逻辑的不连贯。在学术报告或专业演讲中，清晰的逻辑和严密的结构至关重要，随意的句式会破坏整个表达的连贯性和逻辑性，使听众难以跟随发言者的思路。

（二）自信心

学生在社交媒体、即时通信软件等平台上进行交流时，可以迅速获得点赞、评论和回复，从而感受到即时的认可和回应。然而，这种即时反馈机制也可能对学生的表达自信心产生负面影响，尤其是在面对面交流的正式场合中，学生可能会表现出不自信或紧张。网络语言的即时反馈机制使学生习惯快速获得回应。学生可以通过发送一条信息立刻获得点赞或回复，这种迅速互动满足了他们对沟通效果的即时需求。然而，在面对面交流中，尤其是在正式场合，如演讲、报告或会议中，反馈通常是延迟的或隐性的。如果这时学生无法立即获得听众的反应，就可能导致他们在表达过程中感到不确定，从而表现出不自信或紧张。例如，在学术演讲中，学生可能因为无法立即看到听众的反应而感到紧张，进而影响其表达的自信心和流畅性。

网络语言的非面对面交流特点使学生在面对面交流中缺乏经验。网络交流通常是通过文字或语音进行的，学生不需要直接面对对方，他们可以在一个相对安全和匿名的环境中表达自己的观点。这种环境减少了他们在现实交流中的压力和焦虑。然而，学生需要直接面对听众，注视对方的眼睛，处理即时的肢体语言和面部表情，这对他们来说可能是一个巨大的挑战。例如，在面试中，学生需要与面试官进行眼神交流，这可能让习惯网络交流的学生感到不自在，从而影响其表达的自信心。网络语言的简洁性和随意性可能影响学生在正式场合中的表达准备和信心。学生习惯使用简短和随意的表达方式，这减少了他们对语言表达的深思熟虑和精心准备。正式场合表达的内容和形式都需要经过仔细思考与准备。如果学生在网络交流中养成随意表达的习惯，可能就会在正式场合中感到不自信，因为他们缺乏足够的准备和深思熟虑。例如，在进行工作汇报时，学生可能因为准备不足而感到紧张，担心自己的表达无法达到预期效果，从而影响其自信心。

第三节　网络语言对高职院校学生阅读理解的影响

一、语法和句式理解对高职院校学生阅读理解的影响

（一）语法结构简化

网络语言倾向使用简单、直接的表达方式。由于即时通信和社交媒体

的普及，学生在日常交流中更多接触的是简短的句子和非正式的表达。这种语言环境虽然能够迅速传达信息，但也限制了学生对复杂语法结构的接触和练习。例如，网络聊天中常见的短句，如"今天去吗？""好吃吗？"等，与正式写作中的复杂句式如"尽管今天的天气不佳，但我仍计划前往那个已经期待已久的展览"相比，简化的网络语言显然缺乏语法的复杂性和丰富性。

网络语言的随意性使学生习惯忽略语法规则和句子结构的严谨性。语法错误和不规范的句子结构往往被忽略，学生习惯随意拼凑词语和句子，而不注重语法的准确性和句子的完整性。例如，学生可能会使用"你在哪儿？"这样的简单句子，而在学术阅读中，他们需要理解诸如"在复杂的社会环境中，个体的行为往往受到多种因素的共同影响"这样的复杂句子。如果学生缺乏对复杂句式的练习和理解能力，他们在阅读学术文章和专业书籍时就可能遇到困难，从而影响他们的阅读效率和理解深度。网络语言的简化特点可能会导致学生的词汇量的减少和语言表达能力的退化。学生更多使用的是口语化、简略的词汇，而缺乏对正式、复杂词汇的积累和使用。

（二）句式简单

习惯网络语言中的短句和断句，学生可能会难以适应和理解书面语言中的复杂句式。这种情况不仅会影响学生的阅读理解能力，还将对他们的学术和职业发展产生不利影响。网络语言的简短和断句特点使学生在日常交流中逐渐习惯使用简单句子。学生更倾向使用短小精悍的句子来快速传达信息，如"我在这儿"等，这些句子结构简单、信息量少，便于快速理解和回应。然而，学生的这种语用习惯在面对复杂的书面语言时，往往显得力不从心。例如，在阅读学术论文或专业书籍时，学生需要处理长句和复杂句子，如"尽管这项研究存在一些局限性，但它仍为我们理解这一现象提供了宝贵的见解"。如果学生缺乏对复杂句式的理解能力,他们在阅读过程中就会感到困惑和吃力,从而影响其对文本整体内容的把握。

网络语言中的断句和省略现象使学生对句子结构的完整性与逻辑性关注不足。为了追求表达的快速和高效,学生习惯使用不完整的句子和省略的表达,如"去吃饭?""不错!"等。这种表达方式虽然简便,但缺乏逻辑的严密性和句子的完整性。相比之下,书面语言尤其是学术文本,要求严谨的逻辑和完整的句子结构。例如,"由于天气原因,我们决定推迟此次旅行,以确保所有参与者的安全"。这种长句子包含多个从句和修饰语,逻辑关系复杂。如果学生习惯了网络语言的简短和随意,他们在阅读这种复杂句式时就会感到困难,无法准确理解句子的内涵和逻辑关系。同时网络语言的简化还可能影响学生的词汇量和语言表达能力。学生使用的词汇通常是简单、口语化的,如"棒""好"等,缺乏正式和多样化的词汇积累。然而,书面语言尤其是学术文本中,常常使用专业术语和高级词汇,这些词汇不仅丰富了语言表达,还增加了句子的复杂性。例如,"这种方法在数据分析中具有显著优势,但其应用范围仍然受到一定的限制"。如果学生的词汇量不足,他们在阅读这种文本时就会遇到理解障碍,进而影响其对整体内容的全面理解。

二、信息处理能力对高职院校学生阅读理解的影响

(一)信息碎片化

在数字化时代,网络语言的使用已成为一种普遍现象,其特点之一就是信息的碎片化。这种碎片化的信息传递方式虽然方便了日常交流,但也对高职院校学生的阅读理解能力产生了显著的影响。习惯快速浏览和处理碎片化信息的学生,往往在阅读长篇文章时表现出集中力和耐心的不足,从而影响他们对文本的深度理解和全面把握。网络语言的信息碎片化使学

生习惯快速浏览和浅层理解。在社交媒体、新闻应用和即时通信工具中，信息通常以简短的段落、图片和视频形式呈现，用户只需几秒钟就能获取一个大致的概念。这种碎片化的信息传递方式虽然可以培养学生快速获取和处理信息的能力，但也会削弱他们的深度阅读能力。例如，学生在浏览新闻时，往往只看标题和几句话的摘要，而忽略文章的背景信息和详细内容。这种习惯在阅读长篇学术文章或专业书籍时会造成障碍，因为这些文本需要读者投入时间和精力进行全面理解与深度分析。

网络语言的信息碎片化影响了学生的注意力持续时间。在快速变化和高度刺激的网络环境中，学生习惯频繁转移注意力，从一个信息片段跳到另一个信息片段。这种分散的习惯导致他们在阅读长篇文章时难以保持集中注意力。例如，在阅读一本专业书籍时，学生可能会感到难以集中注意力，频繁地走神或中断阅读，从而影响其对文章逻辑结构和核心思想的把握。长时间的阅读和深度思考需要持续的注意力，而这种能力在碎片化信息的影响下变得脆弱。同时碎片化的信息传递方式也削弱了学生的批判性思维能力。在网络环境中，信息往往是片面的和简化的，缺乏背景阐述和深度分析。学生在接收这些信息时，容易形成片面的观点和浅显的理解，而不会经过深入思考和质疑。例如，学生在社交媒体上看到一则新闻时，可能只会接收其中的一部分信息，而没有去查证其真实性和完整性。在阅读学术文章时，这种习惯会导致学生忽略对文本的批判性分析，无法全面评估作者的论点和证据，从而影响其对文章整体价值的判断。

（二）深度理解能力不足

网络语言的简短和快速特点在当今数字时代已经深深融入人们的日常交流中。虽然这种交流方式提高了信息传递的效率，但也对高职院校学生的阅读理解能力产生了负面影响。具体来说，习惯使用网络语言的学生在阅读时可能缺乏深度思考和分析的能力，从而影响他们对文本的深入理解。网络语言的简短特点使学生习惯快速获取信息，而不进行深入思考。社交媒体和即时通信工具中的信息通常是以短小、碎片化的形式呈现，如140字以内的推文或几秒钟的视频片段。学生在这种环境中逐渐习惯快速浏览和浅层理解，而缺乏对信息进行深度思考和分析的习惯。这种阅读习惯在面对复杂的学术文章或专业书籍时，会导致理解困难。例如，学术文章通常包含复杂的概念、严密的逻辑和详细的数据分析，学生需要花费时间和精力去理解作者的论点与证据。如果学生习惯快速浏览，他们就很难深入理解文章的核心思想和逻辑结构。网络语言的快速特点影响了学生的专注力和耐心。网络环境中的信息更新速度快，学生在这种环境中容易养成注意力分散和耐心不足的习惯。他们习惯在几秒钟内获取信息，而不愿意花费更多时间去深入阅读和思考。这样在阅读长篇文章时，学生就容易感到焦虑和不耐烦，难以集中注意力。网络语言的简化和随意性使学生在阅读时忽略其对复杂句式和结构的分析。网络语言中的句子通常简短且结构简单，学生若习惯这种简化的表达方式，就可能缺乏对复杂句式的理解和分析能力。面对书面语言中的复杂句式，学生就可能会感到困惑和不适应。例如，一篇学术论文可能包含多个从句和修饰语，结构复杂，逻辑严密。如果学生缺乏对这种句式的理解能力，他们在阅读时就会遇到障碍，进而无法准确把握作者的意思和论点。

学校应通过课程设计和教学方法，培养学生的深度阅读习惯。教师应鼓励学生进行批判性阅读，分析和讨论长篇文章的内容与结构，帮助他们掌握复杂文本的阅读技巧和方法。学校可以组织各种阅读活动，如读书会、专题讨论会等，促进学生在集体阅读和讨论中分享和交流阅读体验与理解。教师应引导学生深入思考和分析文本内容，培养他们的批判性思维和逻辑分析能力。同时学生个人也应积极培养自己的阅读习惯和技能。他们可以通过制订阅读计划，逐步增加阅读时间和阅读量，训练自己的注意力和耐心。在阅读过程中，学生应有意识地分析和理解复杂句子的结构与含义，提高自己的语言理解和表达能力。

三、阅读兴趣和态度对高职院校学生阅读理解的影响

（一）阅读兴趣下降

在当今数字时代，网络语言以其娱乐性和互动性吸引了大量年轻用户，尤其是高职院校的学生。尽管这种语言形式在日常交流中极大地方便了信息传递，但其对学生传统书面语言的阅读兴趣和阅读理解能力产生了负面影响。具体来说，学生因为网络语言的吸引力而减少了对传统书面语言文本的兴趣，导致阅读时间和阅读量的减少，这进而会影响他们的阅读理解能力。网络语言的娱乐性使学生更倾向使用社交媒体和即时通信工具获取信息。社交媒体上的内容通常简短、生动且富有娱乐性，如搞笑视频、图片和短文。这些内容能够在短时间内带给学生愉快体验，满足他们的娱乐需求。然而，这种快速而愉悦的体验使得学生对传统书面语言的文本，如小说、学术文章和专业书籍，失去了兴趣。相比之下，传统书面语言的文本通常需要较长时间的阅读和思考，这在网络语言的冲击下显得枯燥乏味。例如，学生在面对一本需要深度思考和长时间投入的专业书籍时，可能会因为缺乏即时的娱乐体验而感到无聊，从而放弃阅读。网络语言的互动性增强了学生对即时反馈和互动的依赖。在社交媒体平台上，学生可以通过点赞、评论和分享与他人互动，获得即时的反馈和认可。这种互动性使得阅读和交流变得更加有趣与有吸引力。然而，传统书面语言的阅读往往是一个孤独且需要长时间投入的过程，缺乏即时的互动和反馈。学生在阅读长篇文章或书籍时，难以获得与网络交流相同的即时反馈和满足感，从而会减少他们阅读的动力和耐心。例如，在阅读一篇复杂的学术文章时，学生可能因为没有即时的互动和反馈而感到枯燥，从而中途放弃

阅读。网络语言的简化和碎片化使学生习惯快速获取信息，而不愿意花费时间进行深度阅读和思考。信息通常以短小、碎片化的形式呈现，学生只需几秒钟就能获取大致的概念。这种阅读习惯使学生在面对需要长时间投入和深度理解的传统书面语言文本时，表现出缺乏耐心和兴趣。例如，学生在学术书籍时，可能会因为需要花费大量时间和精力去理解并消化内容而感到疲惫，从而会减少对这种文本的阅读兴趣和时间投入。

学校应通过课程设置和教学方法，培养学生的深度阅读习惯和阅读兴趣。教师应鼓励学生阅读各种类型的书籍和文章，尤其是那些能够激发他们兴趣和思考的作品。在课堂上，教师可以通过生动有趣讲解和讨论，引导学生发现阅读的乐趣和价值。学校可以组织丰富的阅读活动，如读书会、文学沙龙和阅读竞赛等。这些活动不仅能够增加学生对阅读的兴趣，还能提高他们的阅读理解能力和批判性思维能力。同时学生个人也应积极培养自己的阅读习惯和兴趣，培养自己的阅读耐心和深度思考能力。在选择阅读材料时，学生应尝试阅读不同类型的书籍和文章，扩大自己的阅读范围和视野，从中发现阅读的乐趣和价值。

（二）阅读态度不严肃

网络语言的随意性使学生在阅读正式文本时容易产生松懈和不严肃的态度。网络语言表达往往较为简洁、直接，甚至带有口语化和俚语成分，这与学术文献的严谨和规范形成了鲜明对比。学生在日常生活中长期接触这种随意的语言表达，逐渐习惯了快速、简短的信息获取方式，当他在面对严肃的学术文献时，可能会缺乏应有的专注和认真。例如，一篇学术论文往往包含大量的专业术语和复杂的理论，需要读者具备高度的集中力和严谨的态度才能理解其核心内容。如果学生在阅读时态度不够严肃，容易跳过或忽略重要的细节，导致对文本的理解不全面或片面。网络语言的非正式性削弱了学生对权威文本的尊重和敬畏程度。在网络平台上，任何人都可以发布信息，信息的权威性和可靠性参差不齐。学生在这种环境中，容易形成对信息来源不加辨别的习惯，由此将会导致其缺乏对权威文本和学术文献的尊重。例如，学生习惯阅读和分享未经验证的新闻与观点，而其在面对经过严谨研究和审查的学术文献时，可能会以同样的随意态度对待，不认真阅读和分析，忽视其学术价值和严肃性。网络语言的互动性和娱乐性使学生更倾向追求阅读的娱乐化和轻松化，而不是学术化和严肃化。网络平台上的内容通常以娱乐为主，吸引学生通过互动和分享来获得即时的满足感与乐趣，使其逐渐习惯娱乐化的阅读方式，难以适应需要深度思考和耐心的学术阅读。例如，学生在阅读一篇复杂的科学研究报告时，可能会因为缺乏即时的反馈和娱乐性体验而感到无聊与乏味，从而无法集中注意力进行深入的阅读和理解。这种对阅读的态度直接将影响学生在学术和专业领域中的阅读理解能力与学习效果。

教师应在课堂上强调学术阅读的重要性，指导学生如何进行严谨阅读和分析，培养他们的批判性思维和深度理解能力。学校可以通过组织阅读活动，如学术研讨会、文献阅读小组等，营造严肃的学术氛围，促进学生在集体讨论中提高其对正式文本的重视和理解程度。教师应引导学生认真阅读和分析学术文献，鼓励他们提出问题和进行深度讨论，帮助他们养成严肃的阅读态度和习惯。同时学生个人也应积极培养自己的阅读习惯和态度，选择高质量的学术文献进行阅读，逐步提高自己的阅读能力和理解水平。学生应保持专注和认真的态度，注重细节和逻辑，培养自己对正式文本的尊重和深度理解能力。

第四节 网络语言对高职院校学生汉语表达与沟通能力的影响

新时代这一大背景下，互联网已经成为与每一个人息息相关的一个产物，在这个时代下快速成长起来的年轻人往往有些浮躁，因为他们的生活节奏变快，快速发展的网络对学生所产生的影响是不容忽视的。特别是网络中的文化内容对汉语言的教育工作更是产生了巨大的冲击，一方面，网络中快速传播的媒介为汉语言的学习创新了全新发展的道路；另一方面，网络的环境相对比较复杂，控制的难度较高，所以"快餐文化"的出现也对学生的表达和沟通造成了不利的影响。

一、网络流行语的特点

网络语言指的就是在特定时间内能够被广大网民通过互联网使用的一种语言，这种语言与人们在现实生活中所使用的语言存在一定的差别，人们在网络中习惯使用这些语言后，会将其带入实际生活中，利用这些词组进行思想的表达。在网民中有超过一半以上的人员都是青年人，所以网络流行语使用的主力军也是当前在校的众多青年学生，特别是高职院校学生，他们在交流中会使用一些网络语言，这对学生的汉语学习来说是一种挑战，但其中也包含众多的机遇。

网络语言在使用的阶段形式是丰富多样的，除了传统汉字，还能够通过数字符号、英文的缩写、谐音等各种各样的形式进行表达，例如，当前比较常见的就是用"YYDS"表示永远的神，"蓝瘦香菇"表示难受想哭，用"1314"表示一生一世，这些都是一些谐音梗，也是比较常见的网络用语。除此之外，还有一些比较幽默诙谐的语言表达形式。这些网络语言在使用时连老师听到都会忍俊不禁。网络语言已经逐渐从虚拟的世界中走进了学生的生活，例如，在淘宝平台上，卖家与买家进行沟通会为了显示亲切而称呼为"亲"，很多学生在日常生活中也会使用这样的网络语言。这就是网络流行语的特点，其在生活中的使用能够给学生的生活带来一定的变化。

二、网络语言对高职院校学生汉语表达与沟通能力的影响

（一）正面影响

网络语言在使用的过程中其所呈现出的主要特点就是拥有较强的随意性，在这样语言表达的过程中，其幽默和诙谐的内涵不仅让人们忍俊不禁，也让人们对网络语言产生了强大的好奇心理，并且愿意尝试使用这些语言表达。网络语言简单明了，能够把更深层次的含义清楚地进行表达，这些都是现实使用语言中缺乏的。高职阶段的学生处于成长的叛逆期，在这一时期大多数学生追求时尚，他们勇敢地进行创新，并且能够把个性和特征完美地与互联网的世界相互融合，所以利用网络语言进行自己内心情感的表达，可以有效激发起学生对语言知识学习的兴趣。同时丰富多彩的网络语言表达形式，也能够让学生可以针对语言的规律和现象产生相对比较强烈的兴趣以及深入探索的心理。

很多网络语言的素材在使用的过程中能够为高职院校学生汉语的学习提供丰富的材料。例如，网络上出现甄嬛体、淘宝体，这些都是在课本中无法接触到的。利用这些网络语言造句不仅可以增强汉语学习的趣味性，案例分析也能够让学生在参与实践的过程中提高自身的能力，网络语言能够拉近师生之间的距离。目前，有不少比较严肃的媒体和报刊在偶尔会使用网络语言，这不仅引起群众广泛的探讨，也会赢得更多网民的关注和好感。所以在高职院校汉语教育工作开展和实施的过程中，网络语言能够辅

助教学工作的开展，使学生对语言产生认同感，以此提高学生的语言表达能力。

（二）负面影响

网络语言对高职学生的汉语知识学习情况来说，虽然拥有一系列正面的影响，但是其中负面的因素也是不容忽视的，在网络中形成了很多精华的语言，也产生了不少糟粕。例如，使用某些粗俗的语言表达，对学生来说很难提高其语言表达的品位，也不利于学生后续的发展和成长。同时网络语言对学生语言的规范化学习也会产生众多不利的影响，其中大量语法都存在变异的现象，也有不合规范的语言使用模式。例如，很"man"这一类语言，就是利用英语和汉语掺杂的形式，不仅会影响学生汉语的表达能力，还会对学生英语的学习造成一定的阻碍。另外，还有许多英语运用符号替代语法，这种情况都是不规范语言学习的模式。网络语言在使用中有很多替换词，这样就会导致学生在汉语表达的过程中出现用词混乱的现象，如"这样子"会被说成"酱紫""什么"会被说成"神马"。这也很容易让学生不仅在使用文字的过程中会出现错别字，使用词语时也会存在混淆的现象；不仅不利于学生表达和沟通能力的提升，也阻碍了学生的成长和进步。

三、网络语言背景下高职院校学生汉语表达与沟通能力培养的策略

（一）网络语言下高职院校学生汉语表达与沟通能力的影响

汉语和文字一直以来都是我国在文化传承和发展中最为重要的载体，汉语是我国文化的精髓，所以高职院校教育工作的开展和实施，不仅需要把语言教学工作中的重点体现出来，也需要让青少年在新时代的教育工作中对文化进行传承和弘扬。在当今自媒体时代的大背景下，网络技术的进

步使信息的获取变得更加便利，但是其中过度娱乐和消费的现象，都会导致学生汉语表达能力以及沟通水平逐渐降低。所以在这样的背景下，教师就需要清楚地意识到网络语言中所具有的正面和负面影响，在上文已经提到过正面影响，能够促进学生学习的积极性，负面影响则会造成学生语言学习过程中的混乱。学生汉语言的学习以及表达和沟通能力的提升所依靠的不仅是教材，而且需要在一定汉语基础之上与人进行实际的交流。网络语言的使用过程属于对汉语这个文化形式进行的二次创作，虽然给学生带来了一定的便利，学生可以在这其中获取更多的交流信息，新知识、新事物都是在曲折发展的，同时网络语言的出现也不可避免地存在一些负面的影响。教师所需要做到的就是减少负面影响发扬正面的作用，以此让学生能够真正地在网络语言的支持下提高自身的沟通交流和表达能力。

（二）规范网络语言的运用原则

文学是汉语学习的精华所在，汉语的表达和沟通与学生所具有的文学素养是息息相关的，文学素养在积累的过程中最主要的是来自学生实际的生活，只有源自生活、高于生活进行创新和发展，才能够达到最佳的教育效果。所以在网络语言运用的过程中，还要求教师能够引导学生坚持几项原则。

第一，要坚持正确的"三观"，因为网络技术在我国依然处于一个高速发展的阶段，网络用语管理体系相对来说并不完善。所以在网络上学生经常能够接触到一些粗俗的表达形式，这不仅需要教师在教育和引导的过程中提醒所有学生给予注意，也需要广大网友的素质得到提高，这样才能够在使用网络这一媒体时，不断地规范自己的语言使用方式，并且有效地对学生进行教育和引导。

第二，要建立起一套相对比较完善的网络用语体系，使网络语言的使用能够变得更加规范化。例如，我国拥有几千年发展历史的汉字，经历漫长岁月的沉淀，从秦国统一文字到现在的简化文字，大众都需要接受这一知识的学习。所以在现代的高职院校中，学生不仅对新鲜事物接受的能力在不断提升，也需要实现网络语言使用的规范化，只有这样才能够让这一语言合理地存在，也能够使其在流传的过程中不断地发挥出其自身所具有的优势。

第三，需要及时对网络中各种用语进行有效的更新。因为时代在发展，在这一发展阶段，网络用语在不断地更换，公众所能够接触到的信息也是在实时更新的。想要保证网络用语具有魅力，就需要保证这一教育工作能够与时俱进，挖掘网络所具有的内涵，不仅可以提升学生学习的效果，也能够让学生真正地在具有趣味性的环境下吸收更多的语言使用方法，这一点对学生汉语的交流以及沟通能力都有至关重要的促进作用。

综上所述，网络语言指的就是在特定的时间内，广大网民通过互联网进行使用的一种语言。同时在现实生活中很多网民也会广泛地利用这些词语和词组表达自己内心的情绪与情感。根据相关资料调查结果能够看出，在众多网民中，有一半以上都是青年人。所以在使用网络流行语的过程中，青年人成为主力军，使用网络流行语是当前青年人证明自己站在时尚前沿的有效衡量标准。

第四章
网络语言在高职院校课堂中的应用

第一节　网络语言在高职院校教学内容中的渗透

一、网络语言在课堂讨论和互动中的渗透

（一）对口头表达的影响

网络语言逐渐渗透到我们日常生活的各个方面，尤其是在年轻人中间。作为职业教育的重要组成部分，高职院校学生在课堂上使用网络语言的现象也愈发普遍。网络语言在高职院校学生之间的广泛使用是不可忽视的事实。学生在课余时间大量使用社交媒体、网络论坛以及即时通信工具，逐渐形成了一套独特的网络语言体系。这种语言体系包括大量的俚语、缩写和非正式表达方式，如"点赞""打call""吃瓜"等。这些网络语言由于其简洁、幽默和高效的特点，迅速被学生接受和使用，甚至在课堂上也不例外。在小组讨论、课后交流以及课堂互动中，学生经常会使用网络语言进行交流，这不仅会拉近同学之间的距离，也使得课堂氛围更加轻松、活跃。然而，网络语言在高职院校教学内容中的渗透也带来了一些挑战。网络语言的非正式性和不规范性可能会对学生的语言表达能力产生负面影响。学生如果习惯使用网络语言，可能就会在正式场合中出现语言表达不规范、用词不准确等问题。这对职业教育来说尤为重要，因为高职院校培养的是未来的职业技术人才，他们需要在工作中具备良好的语言

表达能力和沟通技巧。网络语言的过度使用可能会导致课堂教学效果的下降。教师在授课过程中，如果学生频繁使用网络语言进行交流，可能就会影响教学的严肃性和专业性。尤其是在一些专业性较强的课程中，如医学、法律等领域，学生需要掌握专业的术语和表达方式，而网络语言的使用可能会分散他们的注意力，使他们无法深入理解和掌握课程内容。

教师在教学过程中，应当引导学生正确区分网络语言和正式语言的使用场合。例如，在小组讨论和课后交流中，教师可以允许学生适当使用网络语言，以促进课堂互动和学生之间的沟通；在正式的课堂讲授和专业课程中，教师应强调使用规范的语言表达，帮助学生养成良好的语言表达习惯。高职院校可以将网络语言的研究和讨论纳入课程内容，帮助学生理解和分析网络语言的特点及其对社会文化的影响。例如，可以开设相关的选修课程，探讨网络语言的产生、发展及其对语言文化的影响，引导学生在使用网络语言的同时，保持对母语的敬畏和对语言表达的重视。同时高职院校还可以通过开展丰富多彩的课外活动，如辩论赛、演讲比赛等，提供更多的机会让学生锻炼和提升他们的语言表达能力。这不仅可以帮助学生更好地掌握正式语言的使用技巧，也有助于他们在未来的职业生涯中更好地与他人沟通和合作。

（二）教师的引导与规范

教师在课堂上应当明确规范语言使用的要求。在正式的课堂环境中，教师可以设定明确的规则，要求学生在回答问题、进行小组讨论和完成作业时应使用正式语言。这有助于培养学生在正式场合中使用规范语言的习惯，以提升他们的语言表达能力和专业素养。例如，教师可以在课堂上设置"正式语言时间"，在这段时间内，所有学生都必须使用标准的普通话和专业术语进行交流。教师应当通过具体实例帮助学生理解网络语言与正式学术语言的区别。教师可以选取一些常见的网络语言表达，并逐一解释其对应的正式语言表达方式。例如，将"点赞"解释为"表示赞同或认可"，将"打call"解释为"为某人或某事物加油助威"等。通过这样的方式，学生不仅可以了解到网络语言的实际含义，还能掌握在正式场合中应当使用的语言表达方式。

教师可以通过设计有针对性的教学活动，引导学生在实际情境中练习使用正式语言。例如，在小组讨论或辩论中，教师可以指定一个特定的主题，要求学生使用正式语言进行讨论。在讨论结束后，教师可以对学生的表现进行点评，指出其中使用不规范语言的地方，并给予改进建议。这样的教学活动不仅可以增强学生对正式语言的认识，也能提高他们在实际应用中的语言能力。同时教师还应当利用网络语言的特点，激发学生的学习兴趣和积极性。网络语言通常具有简洁、幽默和生动的特点，教师可以将这些特点融入教学内容中，以增强课堂的趣味性。例如，在教授某些概念或知识点时，教师可以适当引用一些网络语言，帮助学生更好地理解和记忆。同时，教师可以鼓励学生在课后通过社交媒体平台进行学术交流，利用网络语言的便捷性和互动性，促进学生之间的学习和沟通。教师应当通过不断学习和提升自身的语言素养，树立良好的榜样作用。作为教育者，教师不仅需要具备扎实的专业知识和教学能力，还需要不断提高和丰富自己的语言表达能力，特别是对网络语言和正式学术语言的深入理解。通过自身的言行举止，教师可以潜移默化地影响学生，帮助他们养成正确使用语言的习惯。

二、网络语言在高职院校学生作业和报告的渗透

（一）对书面表达的影响

随着互联网的普及，网络语言已经渗透到人们生活的各个方面，特别是在年轻人中间。由于频繁使用网络语言，高职院校的学生往往会在书面

作业或报告中不自觉地采用这种简化和非正式的表达方式，影响到作业的严谨性和专业性。网络语言的特点使其容易被学生在书面表达中使用。网络语言简洁、生动、富有创造性，能够快速传达信息并引发共鸣。例如，"点赞"用来表示赞同，"呵呵"用来表达轻蔑或无奈，"给力"用来形容某事物很棒。这些表达方式由于其简洁和高效，深受学生喜爱。然而，在学术和专业场合，过于依赖这些简化的网络语言会导致书面表达的严谨性与规范性下降。学生在撰写作业和报告时，如果频繁使用网络语言，可能就会给评阅者留下不专业的印象，从而影响学术评估和职业准备。网络语言的非正式性可能会影响学生的逻辑思维和表达能力。正式的书面表达通常要求逻辑严密、条理清晰，而网络语言的特点往往是感性和随意的。学生常使用网络语言使其可能会忽略表达的逻辑结构和语法规则，使得文章的连贯性和严谨性受到影响。这不仅不利于学生的学业训练，还可能影响他们在未来职业生涯中的沟通和写作能力。同时网络语言的使用还可能影响学生的语言习惯和规范表达。长期使用网络语言，学生可能会习惯使用缩略词和非标准的语法结构，忽视对正式语言的学习和掌握。例如，一些学生在写作时会使用"BTW"（顺便说一句）、"LOL"（大笑）等缩写，这些用在正式场合显然是不合适的。学生如果不能在正式写作中自觉避免使用这些网络语言，可能就会影响他们的语言表达能力和专业形象。

教师应当在教学过程中强调书面表达的规范性和严谨性。在布置作业和报告时，教师可以明确要求学生使用正式语言，避免使用网络语言。同时，教师可以通过具体实例，向学生展示网络语言和正式语言的区别，并解释在不同场合使用不同语言的必要性。教师可以通过有针对性的写作训练，帮助学生提高书面表达能力。例如，开展专门的写作课程，教授学生如何写出结构严谨、逻辑清晰的文章；通过作业和报告的反馈，指出学生在使用网络语言方面出现的问题，并给予具体的改进建议。这些措施有助于学生在实际写作中逐步养成使用规范语言的习惯。同时高职院校还可以组织一些与写作相关的课外活动，如写作比赛、学术论文比赛等，鼓励学生在正式场合中展示他们的写作能力。这不仅可以激发学生的写作兴趣，还能帮助他们在实践中提高语言表达能力和写作水平。教师应当注重培养学生的语言意识和规范意识。在日常教学中，教师可以通过讲解语言规范和标准、分析优秀的书面表达范例等方式，帮助学生树立正确的语言观念。通过不断教育和引导，使学生认识到在不同场合使用合适语言的重要性，逐步提升他们的书面表达能力和专业素养。

（二）教师的纠正与指导

教师在高职院校的角色不仅是传授知识，也包括对学生的书面作业中出现的错误进行纠正。这一过程不仅有助于学生掌握正式书面表达的技巧，还能帮助他们在学术和职业领域中提升沟通能力与专业素养。教师在检查学生的书面作业时，需要关注其在语法、拼写、标点等方面出现的错误。尤其是在现代技术驱动的教学环境中，学生可能倾向使用快捷和简便的语言表达，如网络语言中常见的缩写、省略或俚语。教师应当及时指出这些问题，并解释为什么在正式的学术或职业文档中应避免使用这些表达方式。通过以上过程，学生可以逐步改善他们的书面表达方式，培养其使用规范语言的习惯。

教师在指导学生时，还需关注表达的清晰度和逻辑性。在书面作业中，学生可能因为受到网络语言影响而出现表达不清晰或逻辑混乱的情况。例如，学生可能会在论述中使用口语化的短语或词汇，而这些短语在正式的学术写作中显得不够严谨和精确。教师应引导学生用更合适的语言和结构表达他们的想法，同时帮助他们厘清论述思路，使文章逻辑更加清晰。同时教师的指导还包括文体和语气的选择。在网络语言充斥的环境中，学生可能难以区分何时使用正式、中立或者客观的语言风格。例如，在描述事实或分析数据时，学生可能倾向使用口语化的表达方式，这与正式书面表达的要求相悖。教师应当通过示范和解释，教导学生如何在不同的写作场景中选择适当的文体和语气，以确保其作品符合学术和职业的规范。

三、网络语言在高职院校创新和技术应用中的渗透

（一）技术驱动的教学工具

在当前高职院校教育中，技术驱动的教学工具日益普及，如虚拟实验室、在线协作平台等，它们为学生提供了更丰富、更实时的学习体验。然而，在这些平台上的交流和反馈往往也不可避免地受到网络语言的影响，这种影响在教学内容中逐渐显现出来。作为一种模拟实验环境，虚拟实验室为学生提供了在实验室内进行实际操作的机会。在这些虚拟实验室中，学生可以通过模拟的方式进行化学、物理或生物实验，而他们的交流往往倾向使用直接、简洁的网络语言。例如，学生可能会用缩写词如"thx"代替"thanks"，或者使用表情符号来表达情感，这在一定程度上影响了他们在教学过程中的表达方式和沟通效果。

在线协作平台如在线讨论论坛或团队项目管理工具，成为高职院校教学中不可或缺的一部分。这些平台通过便捷的文字交流和多媒体共享，促进了学生之间的合作与交流。然而，与此同时，学生在这些平台上的言语风格和表达方式往往更倾向其日常使用的网络语言，如使用缩写、表情符号或者流行的网络词汇，这种语言风格可能会影响到他们在学术讨论中的正式表达能力和专业素养。网络语言的渗透不仅体现在学生之间的互动中，也反映在他们对教师反馈的接受和理解上。在教学过程中，教师可以通过在线平台给予学生反馈和指导，而学生们往往以自己熟悉的网络语言来回应或解释。这种语言风格的使用，虽然在某些情境下能够增进学生间

的互动和理解，但也会忽视学术和职业教育中应有的正式语言规范。

（二）教育与传授

在现代高职院校的教育过程中，技术应用软件的广泛使用提升了学习和教学的效率，然而，如何平衡技术应用软件与语言规范教育之间的关系，确保学生在使用技术工具的同时，提升正式语言表达的能力成为一个关键的任务。技术应用如虚拟实验室、在线协作平台等为学生提供了丰富多样的学习体验和合作机会。虚拟实验室允许学生通过模拟实验来理解和应用科学原理，而在线协作平台则促进了学生在团队中共同工作和交流。然而，这些技术工具的使用往往伴随着网络语言的渗透。学生可能在交流中使用缩写、表情符号或口语化的语言，这些习惯可能影响到他们在正式学术或职业环境中的语言表达能力。

教育者需要重视语言规范的教育，确保学生能够在使用技术工具的同时，保持和提升正式书面表达的能力。教师在教学过程中应当注重对学生书面作业的语法、拼写和逻辑结构等方面出现的错误进行纠正。尤其是在技术驱动的学习环境中，教师可以利用在线平台或工具，为学生提供即时的反馈和指导，帮助他们提高语言表达质量，避免使用网络语言给书面表达带来的负面影响。同时，教育者还需通过开展课堂教学和专门的语言课程，培养学生的正式语言表达能力。这不仅包括如何正确使用语法和词汇，还包括如何选择合适的语言风格和语气，在不同场合下进行有效沟通。通过系统的语言规范教育，学生可以意识到网络语言和正式语言之间的区别，并学会在不同情境下选择适当的表达方式。教育政策制定者和学校管理者在推广和应用技术工具时，也应该考虑到语言规范教育的重要性。可以通过制定相关的教学指南和规定，明确技术应用和语言教育的结合方式，以确保学生在技术驱动的学习环境中全面发展，既要掌握现代技能和工具，又要具备正式语言表达的基本能力。

第二节　网络语言在高职院校师生互动中的应用

一、网络语言在高职院校师生互动中的具体应用

（一）在线教学平台

在线教学平台，如雨课堂和慕课，已经成为现代教育的重要组成部分。这些平台为教师和学生提供了一个便捷、高效的学习环境，极大地丰富了传统课堂教学的形式。在这些平台上，教师可以发布课程资料、布置作业、进行在线答疑和讨论，而学生则可以提交作业、参与讨论、查看课程进度等。在线教学平台可以提供丰富的教学资源和工具。教师可以轻松上传课程讲义、视频和音频文件，方便学生随时随地进行学习。通过布置在线作业和测试，教师可以及时了解学生的学习进度和掌握情况，从而调整教学计划。此外，平台上的在线答疑和讨论区使得师生之间的互动更加频繁与深入，学生可以随时向教师提问，教师也可以及时解答学生的疑惑。在这些互动过程中，网络语言的应用可以起到润滑剂的作用。例如，学生在提问时常用"求助""在线等"等词语，这些词语不仅可以表达学生的紧迫感，还可以增强师生之间互动的趣味性。教师在回答问题时，也可以适当使用网络流行语，如"给你点赞""你这个问题很6"等，这不仅可以拉近师生之间的距离，还可以增加课堂的轻松氛围。

在线教学平台上的讨论区可以为学生提供更多的交流机会。在传统课堂上，由于时间和空间的限制，学生与教师、学生与学生之间的互动往往受到一定程度的限制。在线平台的使用则打破了这一限制，学生可以随时在讨论区发表自己的见解、分享学习心得和互相解答疑惑。在这些讨论中，网络语言的使用频率较高，学生喜欢用"顶""赞""打卡"等词语来表示支持和鼓励。这些简洁的网络语言不仅可以提高沟通效率，还可以增

强学习社区的凝聚力。同时网络语言在布置作业和反馈中的应用也越来越广泛。教师在布置作业时，可以用一些网络用语来增加趣味性和挑战性，如"这个任务有点难，挑战一下自己吧！""这次作业大家一起加油哦！"这样的语言不仅可以调动学生的积极性，还可以增强他们的参与感。学生在提交作业时，喜欢用网络语言来表达自己的心情和想法，如"终于搞定了！""感觉自己棒棒哒！"这些语言的使用不仅可以使得作业反馈不再那么枯燥，也会增添许多生动的元素。

（二）电子邮件

电子邮件虽然是一种相对传统的网络交流方式，但它依然是师生之间正式交流的重要工具。尤其在发送正式通知、作业反馈、课程安排等方面，电子邮件具有不可替代的作用，其正式性和可靠性使其在学术与教育环境中仍然占据着重要地位。近年来，随着网络语言的普及，电子邮件的内容和形式也逐渐变得更具亲和力和互动性。电子邮件在发送正式通知方面具有重要作用。在学期初，教师可以通过电子邮件向学生发送课程安排、教学大纲、评分标准等重要信息。这些信息的准确性和全面性对学生了解课程要求、规划学习时间至关重要。电子邮件的优势在于可以清晰、详细地传达这些信息，并且学生可以随时查阅和回复，从而可以保证信息的有效传递。在这个过程中，网络语言的应用可以让正式通知显得不那么生硬。例如，在邮件的开头，教师可以用"同学们，大家好！"来拉近与学生的距离，而不是单纯的"各位同学"。在结尾，教师可以用"期待在课堂上见到大家，加油哦！"来鼓励学生，而不是简单的"此致，敬礼"。这种适度使用网络语言的方式，不仅可以缓解邮件带来的正式感，还能传达出教师对学生的关心和期望。电子邮件在作业反馈中发挥着重要作用。当学生提交作业后，教师可以通过电子邮件进行反馈。这些反馈内容不仅包括教师对学生作业的评价，教师还会给出具体的修改建议和指导。电子邮件的形式使得这些反馈可以详尽而系统，并且学生可以反复查阅和参考。

在反馈中，网络语言可以增加反馈的亲和力和激励性。教师在肯定学生进步时，可以用"你这次的表现真棒，继续保持！"这样的网络用语，而不仅仅是"这次作业完成得不错"。在指出问题时，可以用"这部分有点小瑕疵，试着再改一下吧！"来代替"这里有问题，需要修改"。这种方式不仅让学生感受到老师的鼓励，还能减轻他们在受到批评时的紧张和压力。电子邮件在课程安排的沟通中具有重要作用。在整个学期中，课程的时间安排、考试安排、课外活动等信息需要及时通知学生。电子邮件作为一种正式的沟通方式，能够确保这些重要信息被准确传达。同时，学生也可以通过电子邮件向教师请假、询问问题或反馈意见。在这些邮件的交流中，网络语言的适度应用可以让沟通变得更加轻松愉快。例如，教师在通知课程时间变动时，可以用"大家注意啦，课程时间有变动，请查收！"这样的语言来吸引学生的注意，而不是单调的"课程时间变更通知"。学生在请假时，可以用"老师，我有点小状况，能不能请假？"来表达，而不是正式的"请假申请"。

（三）学习管理系统（LMS）

学习管理系统（LMS）如Moodle和Blackboard等平台，为教育界提供了一个集成的环境，使师生能够在同一平台上进行课程管理、讨论、测验等多种活动。这些平台不仅可以提高教学效率，而且方便教师对学生学习进度的监控，学生还可以方便地获取课程信息和资料。LMS平台的全面功能为教育带来了许多便利，而网络语言的应用在师生互动中也发挥了独特的作用。LMS平台提供了丰富的课程管理功能。教师可以在平台上发布课程资料，包括讲义、视频、音频和阅读材料等。学生可以随时访问这些资料，进行自主学习。通过LMS，教师可以布置作业和测验，系统会自动记录学生的提交时间和成绩，方便教师进行评估和反馈。网络语言的应用在这些过程中可以增加互动的趣味性。例如，教师在发布课程资料时，可以用"同学们，新的学习资源来啦，快来看看吧！"来吸引学生的注意，而不是简单的"请查收新资料"。在讨论区，网络语言的应用尤为显著。LMS平台通常提供讨论区功能，学生可以在这里提问、交流学习心得、分享资源。讨论区的互动性强，学生可以即时发表自己的看法，教师也可以及时参与讨论，解答学生提出的问题。网络语言的简洁性和幽默感使得讨论过程更加轻松与活跃。例如，学生在提问时，可以用"求助，在线等大神解答！"来表达其紧迫感，而不是正式的"请问这个问题如何解决？"教师在回复时，可以用"这问题问得很6，答案是这样的…"来回应学生，增加互动的趣味性和亲和力。

LMS平台的测验功能是一大亮点。教师可以通过平台设计各种类型的测验，如选择题、填空题、问答题等，系统会自动评分并记录学生的成绩。学生可以通过这些测验检测自己的学习效果，并根据反馈进行有针对性的复习和改进。在布置测验时，教师可以用网络语言来增加学生的参与兴趣，如"大家准备好挑战了吗？快来测试一下你的知识水平吧！"而不是单调的"请完成以下测验"。同时LMS平台还提供了学习进度监控功能。教师可以通过平台实时查看学生的学习进度，包括作业提交情况、测验成绩、课程资料的访问记录等。这样，教师就可以及时发现学生学习方面出现的问题，并提供个性化的指导和帮助。网络语言在反馈中可以增加鼓励和激励的效果，如"你这次的进步很大哦，继续加油！"而不是单纯的"成绩有所提高"。

二、网络语言的应用在高职院校师生互动中应注意的问题

（一）语言规范

发布课程资料时，可以清晰地说明资料内容和学习要求："请同学们查阅上传的第5章讲义，并完成相关练习。"适度网络语言的应用可以增加互动的趣味性，例如，"同学们，第5章的讲义已经上传，大家快来学习吧！"在讨论区，网络语言的应用尤为显著。LMS平台通常提供讨论区功能，学生可以在这里提问、交流学习心得、分享资源。讨论区的互动性强，学生们可以即时发表自己的看法，教师也可以及时参与讨论，解答学生提出的问题。规范、简洁的语言可以确保讨论的有效性和清晰度。例如，学生在提问时，应尽量清晰地描述问题："老师，我在做第3章的习题中遇到了一些问题，请问可以详细解释一下吗？"适度的网络语言可以增加讨论的轻松氛围，例如，"老师，第3章习题的第2题我有点不懂，求助！"教师在回复时，可以用清晰的语言来解释，同时也可以适度加入网络语言，如"你这个问题提得很好，答案如下，希望对你有帮助！"

LMS平台的测验功能是一大亮点。教师可以通过平台设计各种类型的测验，如选择题、填空题、问答题等，系统会自动评分并记录学生的成绩。学生可以通过这些测验检测自己的学习效果，并根据反馈进行有针对性的复习和改进。在布置测验时，教师应使用规范、简洁的语言来说明测验要求和时间安排："请同学们在本周五前完成第2章的在线测验。"适度网络语言的应用可以增加学生的参与兴趣，例如，"大家准备好挑战了吗？快来测试一下你的知识水平吧！"同时LMS平台还提供了学习进度监控功能。教师可以通过平台实时查看学生在学习进度，包括作业提交情况、测验成绩、课程资料的访问记录等。这样，教师可以及时发现学生的学习方面出现的问题，并提供个性化的指导和帮助。在反馈中，使用规范、简洁

的语言可以确保信息传达的准确性和清晰度："你的作业进度较慢，请注意及时提交。"适度网络语言的应用可以增加鼓励和激励的效果，如"这次作业你做得很好，继续加油！"

（二）隐私保护

在现代教育中，学习管理系统（LMS）如 Moodle 和 Blackboard 等平台为师生提供了一个集成的环境，使他们能够在同一平台上进行课程管理、讨论、测验等多种活动。然而，随着数字化教学的普及，隐私保护成为一个不可忽视的重要问题。确保师生的个人隐私安全，是每一个教育平台和参与者应尽的责任。LMS 平台在设计和使用时应遵循严格的隐私保护标准。平台应对用户数据进行加密处理，确保学生和教师的个人信息不会被未经授权的人员访问。例如，教师在发布课程信息、作业和测验时，应屏蔽学生的个人信息，如学号、联系方式等。同样，学生在提交作业或参与讨论时，也应避免泄露自己的个人信息。平台可以通过技术手段，自动屏蔽或提醒用户在发布含有敏感信息的内容时进行修改。

网络语言的应用可以在不泄露隐私的前提下，增加师生互动的趣味性和亲和力。例如，在讨论区中，学生可以使用昵称或化名参与讨论，避免直接使用真实姓名。教师在回复学生问题时，可以使用学生的昵称，并通过网络语言增加互动的趣味性，如"@小明，这个问题问得很好，给你点赞！"而不是"@李明，这个问题问得很好，给你点赞！"这样既保护了学生的隐私，又增加了互动的生动性。LMS 平台应设有明确的隐私政策和使用指南。平台运营方应向所有用户明确告知平台如何收集、使用和保护个人信息，以及用户应如何在平台上安全地进行交流和互动。例如，在注册和使用平台时，平台运营方应提醒用户设置强密码，并定期更换密码。同时，平台运营方应提供隐私设置选项，允许用户自定义个人信息的公开范围，如仅限教师可见、仅限同班同学可见等。

在课程管理和讨论中，教师应注意使用规范、简洁的语言，避免泄露学生的隐私。例如，在公布作业成绩时，可以使用学号或匿名方式，而不是直接使用学生姓名，如"请同学们查阅你们的作业成绩，结果已通过学号发布"。适度网络语言的应用可以在确保隐私的基础上，增强互动的趣味性和激励性，如"同学们，成绩出来啦，快去查查有没有惊喜吧！"教师和学生在使用LMS平台进行交流时，应养成良好的隐私保护习惯。例如，教师在回答学生的私人问题时，应尽量通过私信或邮件，而不是在公开讨论区回复："小明，你的问题很重要，我们通过私信详细讨论。"这样可以避免私人问题在公共平台上的曝光。学生在讨论区提问时，应注意不泄露过多的个人信息，可以使用网络语言简化问题描述，如"老师，这道题有点搞不懂，求指教！"而不是"老师，我叫李明，是物理系的大三学生，这道题有点搞不懂，求指教！"

（三）时间管理

教师和学生需要明确在线交流的时间安排。教师可以在课程开始时，明确规定每周的在线交流时间和期限。例如，教师可以在公告中写道："每周三下午3点到5点为在线答疑时间，欢迎大家前来提问。"这种明确的时间安排可以帮助学生合理规划自己的学习时间。此外，教师也可以设置作业提交的截止时间和测验的开放时间，并通过网络语言提醒学生："同学们，请注意，周五下午5点前提交作业哦，千万别错过啦！"在讨论区，教师和学生可以通过设置合理的回复时间来避免过度交流。例如，教师可以明确自己每天在特定时间段回复学生的问题，这样学生可以集中在这个时间段提问。教师可以用网络语言来表达："亲爱的同学们，我每天晚上8点到9点会在线回复大家的问题，记得在这个时间段来找我哦！"这种方式不仅可以提高交流效率，还可以保证教师的个人时间不被打扰。学生在使用LMS平台时，应学会合理安排自己的时间。学生过度依赖网络交流可能就会导致时间管理失控，进而影响自己的正常的学习和生活。学生可以制订自己的学习计划，合理分配时间，避免在网络交流中浪费过多时间。例如，学生可以每天固定一个时间段登录LMS平台，查看课程资料、提交作业和参与讨论，而不是随时随地打开平台。适度使用网络语言可以增加计划的趣味性："今天的学习任务完成了，给自己一个大大的赞！"

教师和学生在进行网络交流时，应注意保持简洁和高效。长篇大论的交流不仅耗时，而且容易导致信息冗余和误解。教师在回答学生问题时，可以用简洁明了的语言，直击要点，同时适度加入网络语言增加互动性："你问的问题很棒，答案是这样的，希望对你有帮助！"学生在提问时，应尽量简洁明确："老师，这道题我不太理解，可以再解释一下吗？"这种方式不仅可以提高交流效率，还可以减少不必要的时间。同时LMS平台本身也应提供一些时间管理工具，帮助师生合理安排交流时间。例如，平台可以设置自动提醒功能，在重要的时间节点提醒用户，如作业截止时间、测验开放时间等。同时，平台可以提供统计功能，记录用户在平台上的活动时间，帮助用户了解自己的时间使用情况，并进行合理调整。网络语言的应用在这些提醒和统计中可以增加趣味性："小提醒，明天就是作业截止时间啦，别忘了提交哦！"

第三节　网络语言对高职院校教学的影响

随着互联网在世界范围内的普及，作为新的媒体，网络对人们的日常语言产生了影响。网络语言突破语音、词汇、语法的规约，以简单自由的语言表现形式出现在人们的生活中，成为人们关注的焦点。

网络语言具有简洁性、新奇性、诙谐性等特点。网际交流中，网络语言属于实时交流，需要被快速输入，因此将数字、符号、拼音、汉字、英文字母杂糅在一起的网络语言，既简单易用，又能节省上网时间。网络同时又是一个推崇个性、追求创新的世界。在网络交流中，人们通过对语言的创新使用体现其个性、追求新鲜感，这使得网络语言不仅具有鲜明的新奇性，同时具有轻松幽默的风格，还迎合了紧张忙碌的现代人放松身心的需要。但不可忽视的是，网络语言在拥有上述特点的同时，也存在着语意模糊、不合规范、过度求新甚至粗俗低下等弊端。

目前的在校学生，更易于接受、传播网络用语。对在校大学生而言，甚至将网络用语应用到学习与研讨之中。大学课堂，特别是高职课堂，实践教学与理论教学并重，教学形式更加灵活。为了提高学生的学习兴趣和课堂注意力，部分教师依据学生的学习状态与接受能力，将网络语言随意应用到课堂教学中。这些教师在教学过程中使用网络语言的随意性，不仅使学生怀疑教育教学的严肃性，也会对其学习产生一定的负面影响。这些问题应引起一线教学工作者的重视。

一、网络语言对高职院校课堂教学的影响分析

（一）学生语言习惯受到网络语言影响

网络语言已经成为青年在大学生日常交流中不可或缺的一部分。据中国互联网网络信息中心统计，青少年网民在中国网民中占到56%的比例，大学生的上网率高达90%。这一群体对网络语言的使用习惯日益形成，影响着他们的日常语言表达方式。传统的书面规范表达逐渐在大学校园中让位于网络习惯语言、简化语言和杂糅语言。这些语言形式不仅是简单的语法变化，也反映出社交媒体和即时通信工具普及之后的文化变迁。在课堂教学中，教师如何处理这种变化，如何有效地融入并理解学生的语言习惯，直接影响着教学效果和与学生之间的沟通效果。教师可以通过几种策

略来适应和应用网络语言。理解网络语言的背景和特点是关键。网络语言通常包括缩略语、表情符号和特定的词汇，这些都是年轻人日常交流的一部分。教师可以在适当的场合引导学生理解和运用网络语言，如开展讨论课题或组织小组活动。这种方式不仅能增加学生的参与度，还能促进他们表达能力的提高。然而，教师也需要做到不放弃传统的书面表达规范。在正式的写作和学术讨论中，依然需要遵循准确、清晰的表达方式。因此，教师在课堂上的角色是引导学生在不同语言环境中自如地切换和应用，而不是简单地否定或者完全接受某种语言形式。

（二）学生思维方式受到网络语言影响

网络语言的普及和影响正在以前所未有的方式改变着青年学生的思维方式与学习习惯。在高职院校学生中，普遍存在基础知识薄弱、学习方式落后、自律性较差等问题，这些短板在互联网时代尤为显著。然而，网络语言的出现不仅是一种语言形式的改变，它代表着对传统"规范"语言的一种革新和颠覆。青年学生对新鲜事物的接受速度迅速，通过网络获取的大量信息不仅增加了他们的思维批判性、创造性和广泛性，同时也加强了他们的自主意识和竞争意识。网络世界的多样性和信息的快速更新，使得学生的认知对象和审视标准更加多元化与开放。在这种背景下，网络语言的杂糅和创新不仅是表达方式的改变，也是思维方式的革新。教师在面对这样一群学生时，需要拥有更高的教学语言要求和适应能力。传统的书面表达规范在网络语言的冲击下可能显得过时，教师需要在教学中灵活应用网络语言，以更好地与学生沟通和互动。例如，在课堂上引导学生运用网络语言进行小组讨论或展示，可以增加学生的参与度和学习兴趣。然而，教师也需要确保学生在正式的学术写作和表达中仍能保持准确和清晰。因此，教师的角色不仅是传授知识，更可以引导学生在多样化的语言环境中进行有效表达和交流。

（三）任课教师对学生在课堂上使用网络语言的态度

在高职院校中，学生在课堂学习中表现出情绪化较强的特点。他们对感兴趣的内容积极性很高，但对枯燥的理论知识则显示出不耐烦和注意力难以集中的情况，这会直接影响他们的学习效率。为了改变这一现状，授课教师在组织教学过程中必须结合课堂实际情况，选择学生更易接受的表现形式来讲解理论知识。网络语言作为一种生动、诙谐的表达方式，能够很好地应用于阐述枯燥的理论内容。通过恰当地应用网络语言，教师可以用轻松幽默的语调来讲解抽象复杂的概念，从而增强学生的学习兴趣和参与度。例如，引用网络上流行的表达方式或梗来解释概念，或者用生动的例子和比喻来说明理论的实际应用，这些都能够有效地活跃课堂气氛，使学生更轻松地理解和吸收知识。虽然网络语言能够增加学生的学习动机和参与度，但也需要确保不失去理论知识的严谨性和准确性。特别是对一些年长且对传统平面媒介语言表达形式较为熟悉的教师而言，适应网络语言的环境和学生的学习习惯可能需要一段时间的调整和适应。教师可以通过在教学中逐步引入和融合网络语言，结合课堂实际情况和学生的反馈，来有效地提升教学效果。这不仅可以促进学生对理论知识的理解和应用能力，还能够增强教学互动和学生的学习成就感。最终，教师在教学过程中对网络语言的灵活运用和适时调整，将有助于创造积极、有趣的学习环境，推动学生的全面发展。

（四）教师要深入了解网络语言，慎用网络语言

面对高职学生对网络语言的热衷，任课教师确实需要深入研究和了解网络语言的内涵和外延，以便在课堂教学中能够合理应用。在当前教育环境下，学生通过与教师的对话交流来获取知识，这使得教师的教学水平和语言选择显得尤为重要，这将直接影响学生的听课效率和学习成效。了解网络语言的内涵和外延，包括其特点、常见的表达方式、使用

场景和文化背景，有助于教师更准确地把握学生的语言习惯和沟通方式。这不仅有助于提升教师与学生之间的沟通效果，还能增进教学的互动性和参与度。

课堂上学生的注意力相对集中，尤其是在教师的潜移默化下，学生的语言表达和习惯往往会受到影响。教师在备课时需要仔细规划授课内容和语言形式，避免临时在课堂上使用不适当的网络语言，进而影响教学效果和学术严谨性。在选择语言形式时，可以考虑采用生动形象的例子和比喻，或者引用与学生熟悉的网络梗或说法来阐释理论知识，从而增强学生的理解和记忆。尽管网络语言能够活跃课堂气氛并增强学习兴趣，但教师必须确保所选用的语言符合学术规范和教学要求。教师可以通过引导学生在适当的场合应用网络语言，如小组讨论或展示中，来提高他们的参与和表达能力，同时在正式的学术讨论和写作中保持严谨与正式的表达方式。

（五）恰当使用网络语言，有助于提高学生学习兴趣

一名优秀的教师不仅需要具备扎实的专业基本功，还应该懂得如何运用巧妙适当的课堂语言，来营造和谐、生态化的课堂氛围，并激发学生的学习积极性。著名语言学家大卫·努南（David Nunan）指出，教师在课堂上使用的语言不仅是传授知识的工具，也可以对课堂教学组织和学生语言习惯形成具有至关重要的影响。课堂语言的运用可以显著影响课堂氛围的建立和维持。优秀的教师通过选择恰当的语言风格和表达方式，能够有效地营造一种开放、互动和尊重的学习氛围。例如，使用鼓励性的语言来表达对学生思想和努力的肯定，能够增强学生的自信心和学习动力。同时，教师还应当注重语言的文化适应性，尊重学生的语言背景和多样性，避免使用可能导致误解或冲突的言辞。

教师的课堂语言对学生学习积极性的带动至关重要。一位善于运用生动、清晰和生活化语言的教师，能够使抽象难懂的概念变得更加贴近学

生的实际生活和经验。通过生动的例子、富有感染力的讲述和互动式的提问，教师能够激发学生的好奇心和学习兴趣，使他们更加投入学习过程中。这种语言的生动性不仅能够增加学习效果，还能够提升课堂参与度和学生的自主学习能力。教师在选择课堂语言时需要考虑到学生的语言习惯和理解能力。尤其是在高职院校教育背景下，学生可能对特定的学术术语或专业领域的语言表达有一定的接受限制。因此，教师需要适时解释和澄清专业术语，确保学生能够准确理解所学内容，避免因语言障碍影响教学效果。教师的课堂语言不仅是知识传递的工具，也是塑造学生语言习惯和思维方式的关键因素。通过在课堂上展示准确、清晰和逻辑性强的语言表达，教师可以为学生树立良好的语言应用模范，帮助他们提升表达能力和批判思维。此外，教师还应该注重语言的正面激励效果，通过鼓励和肯定学生的表达与思考，建立积极的学习态度和氛围。

二、高职课堂教学使用网络语言的新问题

第一，当代青年大学生是我国网民的主要组成部分，因其接受新鲜事物的能力很强且世界观、人生观、价值观有待完善，判断事物能力不足，很容易受到网络流行事物影响。只有更加严格规范网络内容，才能够从根本上消除网络语言对大学生的负面影响。

第二，目前，高职院校积极引入年轻教师，他们是伴着互联网成长的一代，本身也深受网络文化的影响，对网络语言的免疫力较弱。如果课堂上使用规范语言，课下却和学生们的语言习惯如出一辙，随意使用网络语言，反而会给学生留下不好的印象。在强调规范教学语言方面，学校应加大管理校园网络语言使用的力度。

人类社会已经进入信息化高速发展的时代，网络语言走入了人们的生活。语言学家以敏锐的观察力，注视着语言的发展变化。2001年出版

的《中国网络语言词典》是我国第一部专门收集网络词汇的词典。词典收词1305条，正文38万字，由曾任国家语委语言文字应用研究所所长、现任北京广播学院播音主持艺术学院博士生导师的于根元教授担任主编，由语言文字、对外汉语、播音主持方面的教师和网站负责人等在内的众多的语言专家、网络专家、资深网民组成的编写团队，历时一年左右完成。由于近几年网络语言的不断翻新，现在的网络语言已远远超过了当初的收录数量。

21世纪的网络时代，应该是一个更为开放、更具包容精神的时代。语言是活的、变化的、一直处于发展中的。从语言并非一成不变的发展规律来看，网络语言的兴起是必然的。在这种环境中，高职院校学生，应该时刻注意保持警醒，取其精华，弃其糟粕，规范自身的一言一行。高职院校授课教师，不仅应该时刻正视自己，积极、合理引入网络语言，规范授课语言，也应该加强自身专业知识积累，创新授课模式，规范使用网络语言，提高学生的学习兴趣，增强学生的职业素养。

第四节　网络语言在高职院校课外活动中的应用

一、信息传递与宣传

（一）增强信息可读性和吸引力

在高职院校，课外活动的成功与否往往取决于活动的宣传效果和吸引力。网络语言作为一种生动、直接的表达方式，具有显著的优势，能够有效地增强活动发布的信息可读性和吸引力。通过巧妙运用网络梗、热门话题或幽默表达方式，可以更好地引起学生群体的共鸣和兴趣，从而促使他们更愿意参与到各类课外活动中来。网络语言的生动性和直接性使其在活动宣传中具备了独特的优势。与传统的正式、规范化宣传语言相比，网络语言更富有趣味性和时代气息，能够更好地引起学生的注意和兴趣。例如，使用流行的网络梗或热门话题来设计活动海报或宣传语，能够迅速吸引学生的眼球，激发他们的好奇心和参与欲望。这种语言的直接性和亲近感，能够有效地拉近学生与活动之间的距离，增强他们的参与感和归属感。

网络语言在高职院校课外活动中的应用不仅仅局限于宣传效果，还能够影响活动的参与度和氛围。通过在活动策划和执行过程中灵活运用网络语言，可以使活动更贴近学生的生活和兴趣。例如，在活动的组织和安排中融入一些与学生日常使用的网络语言相符的互动环节或口号，能够增强活动的互动性和趣味性，使参与者更加积极投入其中。同时网络语言的使用还有助于打破传统宣传方式的局限性，营造出更加开放和包容的活动氛围。在现代社会，网络语言不仅是一种表达方式，也是年轻人交流和表达个性的重要工具。因此，通过在活动宣传和实施过程中积极采用网络语言，能够与学生建立更加密切的沟通和互动关系，增强活动的社交属性和学生的参与感。尽管网络语言能够增加活动的吸引力和参与度，但仍需确保语言表达的准确性和适当性，避免出现可能引起误解或争议的情况。此外，要考虑到不同学生群体之间对网络语言的接受度和理解能力，以确保宣传效果的最大化和活动目标的顺利实现。

（二）文化引领与影响力

通过构建具有个性化和时尚感的活动形象，能够吸引更多学生关注和参与，推动校园内外活动的开展。网络语言作为当代青年人的主要交流方式和文化标识，具有与众不同的表达方式和即时性。在高职院校的课外活动中，适当应用网络语言能够为活动注入新鲜感和活力。例如，通过设计有趣的活动口号、使用流行的网络梗或热门话题作为活动宣传语，能够迅速吸引学生的注意力，使他们产生参与的欲望和动力。这种语言的直接性和亲和力，能够有效地拉近活动组织者与学生群体之间的距离，增强学生的参与感和归属感。网络语言在塑造活动文化氛围方面具有独特的影响力。通过在活动策划和执行过程中巧妙运用网络语言，能够打造出具有个性化和时尚感的活动形象。例如，在主题活动或校园节日庆典中，可以使用与学生生活息息相关的网络语言来设计活动主题、宣传海报或活动互动环节，从而使活动更具吸引力和参与度。这种个性化的表达方式不仅能够增强活动的品牌认知度，还能够吸引更多学生参与到活动中，促进校园文化的多样化和活跃化发展。

　　网络语言的应用能够推动校园内外活动的开展。通过积极应用流行的网络语言，活动不仅能够在校园内形成持续的话题和讨论，还能够通过社交媒体等平台扩展活动的影响力和传播范围。例如，利用学生喜爱的网络梗或热门话题制作活动相关的短视频或微博内容，能够快速吸引更多外校学生和社会公众的关注，提升活动的影响力和知名度。尽管网络语言具有生动和直接的特点，能够有效地增强活动的吸引力和参与度，但也需确保网络语言表达的准确性和适当性。

二、创意和文化表达

（一）快速传播和吸引力

　　在现代高职院校的课外活动中，学生越来越倾向利用微信、微博等社交平台，通过网络语言快速传播活动信息，并吸引更多的目标群体参与。这种趋势不仅提升了信息传播的效率，还使得活动宣传更加生动和有趣，极大地提升了学校社团和组织活动的活跃度和参与度。网络语言的使用使得学生能够在短时间内迅速传递活动信息。微信、微博等社交平台作为学生日常生活中重要的交流工具，具有广泛的覆盖面和高效的信息传播能力。学生可以通过发布短文、图片或视频，使用简洁明了的网络语言表明活动的时间、地点、内容和参与方式，吸引目标群体的关注和参与。例如，使用流行的网络短语或表情符号能够增添信息的趣味性和互动性，吸引更多学生关注并积极参与到活动中来。

网络语言的特点使得活动宣传更加生动和富有创意。与传统的宣传手段相比，如海报或传单，网络语言的表达方式更富有活力和现代感。学生可以通过创意十足的文字描述、幽默风趣的表达或者使用流行的网络表情包，将活动信息传递得更加生动和有趣。这种生动的表达方式不仅能够吸引目标群体的眼球，还能够在短时间内引起广泛的共鸣并得到传播，有效提升活动的知名度和学生的参与度。例如，在宣传学校社团活动时，学生可以使用类似于"速来围观，绝美现场等你！#XX社团年度盛典#"这样的网络短语来概括活动的亮点和增加吸引力，同时配合一张吸睛的活动海报或视频预告，通过多媒体和多样化的表达方式，吸引更多同学积极参与到社团活动中来。除了快速传播和生动表达，网络语言还能够促进学生之间的互动和社交。在微信群或微博上，学生可以通过评论、转发或点赞等方式进行即时互动，分享自己对活动的期待、看法或参与体验。这种互动不仅增强了学生之间的联系和社群感，还能够进一步推动活动信息的传播和参与率的提高。然而，尽管网络语言在活动宣传中具有明显的优势，教育者和学校管理者也需要注意其使用中可能存在的一些挑战和风险。例如，过度依赖网络语言可能导致信息的片面化或误解，特别是对某些特定群体或文化背景的学生来说。因此，教育者可以在教育实践中引导学生如何适当使用网络语言的创意和准确性，避免不当的语言使用或信息误导，确保活动信息的真实性和准确性。同时教育者还可以通过课堂教学或特定的宣传培训活动，向学生传授正确的宣传技巧和有效的沟通策略。例如，教导学生如何撰写吸引人的活动介绍文案、如何选择合适的图片或视频素材，并结合具体案例分析，帮助学生理解网络语言在活动宣传中的应用原则和技巧。

（二）文化标签和传播效果

网络语言的独特文化标签能够帮助活动信息更快速地被学生接受和理解。在高职院校的多元化学生群体中，每个学生可能有不同的文化背景和语言习惯，传统的宣传方式可能难以覆盖到每一个人。网络语言的使用则具有通俗易懂、生动形象的特点，通过引用流行的网络梗或使用热门的表情符号，可以迅速触及学生的共鸣点，让信息在短时间内传播开来。例如，通过引用某一知名网络视频中的梗或话题，结合活动信息进行创意化宣传，能够有效地吸引目标学生的注意力，促使其进一步了解和参与到活动中来。网络语言的运用能够提升活动在社交媒体上的曝光度和传播效果。随着微信、微博等社交媒体的普及，学生通常会通过这些平台获取信息和与他人交流。因此，学生们用网络语言发布的活动信息，不仅能够快速地在社交媒体上扩散，还能够借助网络梗或表情符号增强信息的趣味性和分享性。例如，一个社团活动的宣传海报配以一个流行的表情包或一个富有创意的短语，能够使活动信息更加生动和吸引人，进而增加活动的曝光度和参与度。

网络语言的文化标签和符号能够深化学生对活动的情感参与和认同感。在高职院校的校园文化建设中，课外活动不仅是提供娱乐和社交的平台，也是培养学生团队合作、领导能力和创新思维的重要途径。通过利用网络语言的文化标签，如特定的社群内流行的梗或用语，能够让参与者感受到活动的独特性和共同体精神，进而增强他们对活动的归属感和参与的积极性。然而，尽管网络语言在活动宣传中具有显著的优势，教育者和学校管理者也需要注意其使用中可能带来的一些挑战和风险。例如，过度依赖网络语言可能导致信息表达的浅薄或误解，特别是在面对具有不同文化背景或敏感话题的情况下。因此，教育者可以通过教育和指导学生如何恰当地运用网络语言，确保活动宣传的有效性和信息的准确性。学校可以通过多种方式推广和实施网络语言的正确使用。例如，可以开设相关的社团活动或课程，培养学生创意和沟通能力，引导他们如何在社交媒体上进行有效宣传和互动。此外，学校还可以通过定期举办创意宣传比赛或评选优秀宣传案例的方式，激励学生在活动宣传中创新运用网络语言，提升他们的宣传能力和社交媒体影响力。

三、创新和创业平台

（一）线上竞赛和评选活动

网络语言的直接性和幽默感有助于增加参与者之间的互动。在众创平台或线上竞赛的讨论区域，学生经常使用流行的网络梗、表情符号或简洁明了的语言来交流和互动。这些语言的应用不仅使得交流更加生动和轻松，还能够迅速引起其他参与者的共鸣和回应。例如，学生可能会使用类似于"加油，打工人！#创新挑战#"这样的网络短语来鼓励和支持同伴，在竞争激烈的环境中营造积极向上的氛围。网络语言的使用能够展现学生的创新思维和解决问题的能力。在众创平台或线上竞赛中，学生们不仅是参与者，也是创意和解决方案的提供者。通过合理运用网络语言，学生能够清晰地表达自己的想法和见解，展示出其独特的创新思维和处理复杂问题的能力。例如，在一个创新设计竞赛中，学生可能会使用图文并茂的方式，通过网络语言描述他们的设计理念和实施方法，吸引评委和其他参与者的关注和认同。

网络语言的应用能够增强竞赛和评选活动的趣味性与吸引力。在竞争激烈的环境中，学生可以通过幽默风趣的评论或创意十足的提议，为活动增添一份活力和乐趣。例如，在一个模拟企业挑战赛中，学生可能会利用流行的网络梗或独特的表情符号来演绎他们对市场策略或产品创新的见解，同时也可以为整个竞赛增加参与者之间的互动和竞争氛围。然而，尽管网络语言在众创平台和线上竞赛中具有显著的优势，教育者和组织者也需要注意在对其使用中可能带来的一些挑战和风险。例如，过度依赖网络语言可能导致信息表达的表面化或误解，特别是在涉及复杂技术或专业领域的竞赛中。因此，教育者可以通过教育和培训，引导学生如何在适当的场合和内容中运用网络语言，确保其表达的准确性和有效性，提升他们在竞赛和评选活动中的竞争力和表现力。学校可以通过设立专门的竞赛培训课程或工作坊，教导学生如何利用网络语言提升自己的竞赛效果。例如，可以通过案例分析或角色扮演等方式，模拟竞赛环境，让学生在实践中学习和应用网络语言的技巧和策略。此外，学校还可以建立一个专门的在线平台或社区，为学生提供交流和互动的空间，促进他们在竞赛和评选活动中的合作与竞争。

（二）投资支持和市场推广

在创业过程中，学生通过网络语言与潜在投资者和客户进行沟通与互动，利用社交媒体平台发布产品介绍、市场推广信息或寻求投资支持的请求。适当应用网络梗和流行语可以增加内容的趣味性与分享度，提升信息的传播效果和市场影响力。网络语言在创业活动中扮演着重要角色，能够帮助学生快速、直接地传达创业项目的核心信息。学生可以通过简洁明了的语言和流行的网络梗来吸引目标受众的注意力。例如，通过使用类似于"这里有一份超火的创意项目，快来围观！#创业青年#"这样的网络短语，结合一个吸引眼球的产品宣传视频或创意图片，能够在短时间内引起潜在投资者和客户的关注，从而增加项目的曝光度和市场认知度。网络语言的幽默感和创新性有助于提升创业项目在社交媒体上的传播效果与市场影响力。在创业推广过程中，学生可以运用流行的网络梗或表情符号，为产品介绍或市场推广信息增添一份趣味性和独特性。例如，通过创意十足的语言描述或幽默风趣的演绎，将创业项目与当下流行的文化符号或话题进行结合，能够更加生动地展示产品的特点和优势，从而可以吸引更多客户的关注。

网络语言的应用能够增强学生与潜在投资者和客户之间的互动和沟通效果。学生可以通过即时的评论和回复，与客户进行互动和答疑解惑，有效提升客户对产品或服务的信任度和满意度。通过灵活应用网络语言，如用简洁而直接的语言回答客户提出的问题或疑虑，同时加入适当的幽默元素，能够使沟通过程更加轻松愉快，增强客户的参与感和归属感。然而，尽管网络语言在创业过程中具有显著的优势，教育者和学校管理者也需要关注在其使用中可能存在的挑战和风险。例如，过度依赖网络语言可能导致信息的表达不够深入或误解，特别是在面对涉及专业技术或复杂市场分析的情况下。

学校可以通过开设创业营销课程或组织创业推广比赛等活动，培养学生的网络语言应用能力和创新思维。例如，可以邀请行业专家或成功创业者分享其在市场推广中的经验和技巧，同时引导学生通过实际操作，学习如何利用网络语言提升创业项目的市场影响力和客户互动效果。此外，学校还可以建立一个专门的创业社交媒体平台或在线论坛，为学生提供交流和合作的平台，促进创意和商业理念的交流与实现。

（三）创新思维和实践能力的培养

通过社交媒体平台上的互动，学生不仅可以获得来自同行和专家的建议和反馈，还能够扩展视野、增强创意表达能力，进一步提升其创新思维和实践能力。网络语言在创新思维培养中的应用突显了其直接性和互动性。在学生参与的创新项目或活动中，他们经常利用社交媒体平台发布自己的想法和解决方案，与其他学生或潜在合作伙伴进行即时的互动和讨论。通过使用简洁明了的网络语言，如流行的网络梗或表情符号等，学生能够迅速表达自己的观点和创意，吸引更多人的关注。例如，一位学生可以通过社交媒体发布一个关于可持续发展的创新项目的想法，并结合一个具有创意的表情包或幽默的短语来引起同学们的兴趣和讨论，从而激发更多的创新灵感和解决方案。网络语言的即时反馈特点有助于学生在创新和创业过程中快速调整并改进自己的想法。通过社交媒体平台，学生可以与同行和专家分享他们的创新项目或商业理念，并及时获得有针对性的建议和反馈。这种即时反馈不仅能够帮助学生发现和解决问题，还能够激励他们不断优化和完善自己的创意。例如，一位学生可以在社交媒体上发布关于新产品设计的想法，其他同学和行业专家可以通过评论或私信提出建设性的意见及改进建议，帮助学生改进产品设计或市场营销策略，进一步推动创新项目的开展和实施。

网络语言的应用能够扩展学生的视野和增强其创意表达能力。学生不仅可以与本校同学进行互动，还能够与全球范围内的其他学生、专家或业界人士进行交流和合作。通过参与国际性的创新竞赛或项目合作，学生能够接触到不同文化背景和专业领域的知识与经验，拓展自己的视野和思维方式。例如，通过参与一个国际创新挑战赛，学生可以利用网络语言与来自不同国家的团队成员分享想法和合作方案，共同应对全球性挑战，从而培养其跨文化沟通能力和团队合作精神。然而，尽管网络语言在创新思维和实践能力培养中具有显著的优势，教育者和学校管理者也需要关注其在使用中可能带来的挑战和风险。例如，过度依赖网络语言可能导致创意表达的表面化或误解，特别是在面对复杂技术或专业领域的创新项目时。因此，教育者可以通过指导和培训，帮助学生理解如何在适当的场合和内容中运用网络语言，确保创新项目的有效性和可持续发展。学校可以通过开设创新设计课程、组织创业大赛或建立创业孵化平台等方式，为学生提供展示创新思维和实践能力的平台与资源。例如，可以邀请行业专家或创业导师为学生提供创意思维训练和项目指导，同时建立一个专门的在线社区或平台，鼓励学生分享创意和交流经验。通过这些举措，学校能够有效地激发学生的创新潜力，培养其在创业和创新领域中的竞争力与领导能力。

第五章
网络语言对高职院校校园文化的影响

第一节　网络语言在高职院校校园文化中的渗透及异化

一、高职校园文化与网络语言

校园文化作为一种意识形态，对高职院校的工作开展和全面提升高职学生的综合素质具有十分重要的现实意义与战略意义。校园文化建设是学校品牌树立的重大内驱力。要想建设国家一流的高职院校，就必须注重校园文化内涵及校园文化的建设和品牌打造，形成专有的无可替代的校园文化。高职校园可以说是社会的缩影，社会大环境时时刻刻影响着高职校园文化。随着计算机技术的发展和互联网技术的广泛应用，自20世纪90年代以来，虚拟环境中的言语行为研究就受到了学术界普遍关注，网络语言也开始在大学校园内蔓延和流行，它使大学校园文化建设在对其接纳与排斥的过程中发生着新的变化。作为具有较高文化层次、乐于接受新事物的群体，大学生成为网络时代创造、传播网络文化的主力军，是受网络影响最深、最广的一个群体。高职校园文化同样也在网络文化的影响下发生着变化。通过分析网络语言在高职校园文化中的渗透及异化现象，有助于我们把握网络语言对高职校园文化的影响，积极引导网络语言与校园文化的有效融合。

二、网络语言在高职院校校园文化中渗透和异化及影响

在聊天室或校园论坛中，常常可见如："童鞋（同学）""酱紫（这样子）""似男似女（是男是女）"等网络语言被异化的现象。学生通过使用这些富有新鲜感、变异美和刺激性的热门话，可以显示出自己的不落俗套和合乎时代潮流。正是青年学生标新立异、哗众取宠、盲目跟风的心理特点，使得网络语言和高职学生"一拍即合"，具体表现在以下几个方面：

（一）网络语言改变了高职院校学生的语言和思维方式

在网络时代，网络占据着高职院校学生大部分的生活空间，不仅"左右"着他们的日常生活话题，也改变了他们的语言与思维方式。部分高职院校生遇到事情不愿意自己思考，过分依赖网络工具，在聊天室或论坛中对信息的来源和正确度缺乏充分的辨别与消化，长久受到网络"不良语言"的腐蚀。长此以往，很多高职院校学生的自我辨别、判断能力下降，甚至人文精神意识出现缺失。

（二）网络语言的"信息强迫症"使得高职院校学生的精神世界和人生观发生改变

网络是布满着大量信息的一个平台，一些高职院校学生常常通过网络来发泄或转移被压抑的情感，因此暴力化、粗鄙化、庸俗化的语言充斥着高职校园聊天室和论坛。网络语言的"信息强迫症"使得部分高职院校学生对无辜者施予语言暴力，让这些无辜者受到语言污染。网络的这种"信息强迫症"工具性特性，成为支配使用者的外在强制力量。这些高职院校学生在长期的网络生活中，渐渐失去自制力，不自主地被暴力化、粗鄙化、庸俗化的语言牵着鼻子走，渐渐地，他们精神世界和人生观受到影响，并发生了改变。

网络语言的异化对高职院校学生的成长容易产生负面影响。沉迷于

网络，人际关系淡漠，对高职院校学生步入社会所要形成的社交能力的培养有很大影响。这些学生容易放纵自己的言行，抛弃社会责任，失去道德感。大众媒介所带有的某种"玩世不恭"的色彩和高职院校学生特有的社会逆反心理不谋而合，这种网络语言的异化很容易影响高职学生的思想和行为。

三、正确应用网络语言，建设和谐校园文化

网络文化为人类在整个世界范围内提供了一种方便的"精神快餐"。网络语言作为一种虚拟与现实相互折射、历史与新潮相互交汇、传统与反叛相互激荡的新的社会文化现象，对和谐校园的建设起到了不容忽视的作用。在高职院校校园的文化建设中，如何引导学生正确应用网络语言，建设和谐校园文化呢？

（一）积极引导热点问题，及时净化网络空间

在现代校园环境中，互联网和校园网论坛已成为学生交流并获取信息的重要平台。为了更好地引导学生树立正确的价值观和人生观，校园网内的论坛需要配备数名掌握网络使用技术和操作技巧的教师。这些教师不仅要具备技术能力，还需要具备与学生有效沟通的能力，能够在网络平台上与学生打成一片，积极引导学生的网络言行。这些教师应具备较强的网络技术和操作技巧，能够熟练地使用校园网内的各种论坛工具和功能。他们需要实时监控和管理论坛内容，确保论坛的健康和安全。同时，这些教师还应具有良好的沟通能力，能够与学生进行平等、友好交流，了解学生的真实想法和需求。在这种互动中，教师可以更好地理解学生的思想动态，及时发现并解决学生在学习和生活中遇到的问题。针对校园论坛中出现的热点问题，这些教师应当积极参与讨论，进行有目的引导。通过发表建设性意见和提供权威信息，这些教师可以帮助学生正确认识和理解各种社会

热点问题。例如，当学生在论坛上讨论时事政治、社会现象或人生困惑时，教师可以引用马克思主义理论、中国特色社会主义核心价值观等，引导学生形成正确的思想和观点。这不仅有助于提高学生的政治素养和社会责任感，也能促进他们在网络空间中理性表达、文明交流。

这些教师应具备敏锐的洞察力和判断力，能够及时跟帖、及时更正和及时净化网络空间。对论坛中出现的不实信息、谣言或不良言论，这些教师应当迅速采取措施，进行澄清和纠正，防止不良信息的扩散。通过这种方式，教师不仅维护了校园论坛的健康环境，也为学生提供了一个积极、正能量的交流平台。与此同时，教师还可以利用校园论坛开展各类网络教育活动，普及网络安全知识和文明上网规范，培养学生的网络素养和信息鉴别能力。例如，可以定期组织主题讨论、在线讲座或知识竞赛，激发学生参与网络文化建设的积极性和主动性。教师可以通过实际案例和生动讲解，使学生深刻理解网络空间的规则和道德准则，增强他们的法律意识和社会责任感。

（二）加强高职学生的语言修养教育

在现代教育体系中，加强文字学习和人文学科教育显得尤为重要，特别是对高职院校学生而言，这不仅有助于提升他们的职业技能，还能全面提高他们的人文素质和综合素养。通过开设人文学科方面的选修课，鼓励学生诵读经典著作，可以让他们在接受人文精神和科学精神双重熏陶的过程中，实现全面发展。加强文字学习对高职院校学生的职业发展和个人成长都有着重要意义。语文作为基础学科，不仅是语言表达和文字理解的工具，也是思维训练和文化传承的重要途径。通过系统的语文学习，学生能够提升阅读理解能力、写作表达能力和逻辑思维能力，这对他们在未来职场中的沟通、协作和创新都有着直接的促进作用。开设人文学科方面的选修课，能够拓宽高职学生的知识面，提升他们的文化素养和人文情怀。人文学科涵盖文学、历史、哲学、艺术等多个领域，这些学科不仅能够丰富学生的知识储备，还能培养他们的审美能力、批判思维和价值判断。通过选修这些课程，学生可以接触到不同文化背景和思想体系，增强其对人类文明和社会发展的理解与尊重。

诵读经典著作是提高人文素质的有效途径。经典著作不仅是文化遗产的重要组成部分，也是人类智慧的结晶。通过诵读《论语》《红楼梦》《莎士比亚戏剧》《海德格尔的存在与时间》等经典作品，学生可以领略到不同历史时期和文化背景下的思想精华，感受文字的力量和思想的深邃。这种阅读体验能够激发学生的学习兴趣和求知欲望，培养他们的阅读习惯和思考能力。人文精神和科学精神的双重熏陶对高职院校学生的全面发展至关重要。人文精神强调对人的关怀、尊重和理解，倡导人性的发展和完善；科学精神则强调理性、实证和创新，倡导对自然和社会规律的探索和掌握。通过接受这两种精神的熏陶，学生能够在职业技能之外，形成更加全面的价值观和世界观，成为具有人文关怀和科学素养的复合型人才。在实际教学过程中，可以通过多种形式和渠道来实现这一目标。例如，学校可以邀请人文学科的专家学者来校讲学，举办各种形式的读书会和学术沙龙，组织学生参加文学艺术作品的创作和展览等。此外，学校还可以利用现代信息技术，开设在线课程和虚拟图书馆，提供丰富的学习资源和交流平台。

（三）重视和解决高职院校学生在思想、学习、生活、就业以及心理健康等方面存在的困惑和问题

在现代教育环境中，网络平台的普及为高职学生提供了一个便捷的交流和互动空间。通过论坛、QQ群、校园微博、网络心理咨询等多种网络平台，学校可以采用一对一、一对多、多对多的交互形式，及时为高职院校学生提供帮助和服务。这种多样化的互动方式不仅能够使学生的意见和建议得到充分表达，还能有效排除他们在思想上的困惑，促进健康积极的校园氛围的形成。建立和运用这些网络平台，可以为高职院校学生提供一个畅所欲言的空间。论坛和QQ群等平台，允许学生自由发表意见、表达心声。学生可以在遇到问题或困惑时，及时寻求帮助和支持。例如，当学生在学习、生活或人际交往中遇到困难时，可以通过发帖、留言等方式，向教师和同学寻求建议和帮助。学校可以安排专门的教师团队，定期浏览和回复学生的帖子，解决他们提出的疑惑和问题，使学生感受到学校的关心和支持。

校园微博和网络心理咨询平台可以发挥重要的引导作用。在校园微博上，学校可以发布正能量的内容，传播积极向上的校园文化，引导学生树立正确的价值观和人生观。同时，网络心理咨询平台可以为学生提供专业的心理辅导和支持。通过一对一的咨询服务，心理咨询师可以深入了解学生的心理状态，有针对性地提供帮助，帮助他们排除心理困惑，增强心理韧性。此外，网络心理咨询平台还可以开展一对多的团体辅导活动，帮助学生相互支持、共同成长。通过这些网络平台的互动，学校可以及时掌握学生的思想动态，积极引导网上舆论，减少学生对社会的不解和厌世情绪。对一些可能引发负面情绪的社会事件或校园热点话题，学校可以通过网络平台，及时发布权威信息和正面引导，避免谣言和负面情绪的蔓延。教师和心理咨询师可以通过参与讨论、发布评论等方式，引导学生理性看待问题，培养他们的批判性思维和独立判断能力。通过这些网络平台，学校可以组织开展各种有益的线上活动，如读书分享会、学习经验交流会、心理健康讲座等，丰富学生的课余生活，促进他们全面发展。这些活动不仅可以增强学生之间的互动和交流，还可以提高他们的综合素质和人文素养。

（四）抵制各种不良信息传播，教育高职院校学生克服从众心理

在现代信息化社会中，高职院校学生面临着诸多来自网络的诱惑和挑战。为了帮助他们健康成长，加强德育工作显得尤为重要。通过有效的德育教育，学生能够克服从众心理，避免"随波逐流"，主动抵制各种不良信息的传播，培养良好的个性品质，从而减少网络语言异化对他们的不良影响。德育工作需要从思想层面入手，引导高职院校学生树立正确的价值观和人生观。学校可以通过思想政治教育课程、主题班会和讲座等形式，系统地传授马克思主义理论和中国特色社会主义核心价值观。通过学习这些课程，学生能够理解和认同社会主义核心价值观，树立正确的道德标准和行为规范，从而在面对网络上各种复杂的信息和言论时，能够保持清醒的头脑，不被不良信息所左右。培养学生的独立思考能力和批判性思维是德育工作的重点之一。网络信息浩如烟海，真假难辨，学生容易受到虚假信息和谣言的影响。学校可以通过开设信息素养课程，教授学生如何辨别信息的真伪，如何进行有效的信息筛选和判断。鼓励学生在面对各种信息时，能够保持质疑和批判的态度，独立思考，不盲从他人意见和网络舆论，形成自己的见解和判断。

同时，学校还应积极引导学生培养良好的个性品质，包括自信、坚韧、诚信、责任感等。通过各种校园活动和实践，帮助学生在实际生活中锻炼和塑造自己的品格。例如，组织志愿服务、社会实践活动等，让学生在服务他人、奉献社会的过程中，感受到责任和价值，增强自我认同和社会责任感。良好的个性品质不仅有助于学生在网络空间中保持理性和冷静，还能帮助他们在现实生活中建立健康的人际关系和积极的生活态度。学校应当利用网络平台，加强对学生的正面引导。通过校园论坛、微信公众号、微博等渠道，传播正能量的内容，发布有关网络素养、道德教育、优秀学生事迹等方面的信息。同时学校还可以邀请专家、学者开展在线讲

座和互动，解答学生在网络使用中遇到的困惑和问题，帮助他们树立正确的网络观念。加强家校合作，共同推动学生的德育工作。家长是学生德育教育的重要力量，通过家校沟通，学校可以了解学生在家庭中的表现，及时发现和解决学生在网络使用中存在的问题。另外，家长也应当积极参与到德育教育中，树立良好的榜样，引导孩子在网络世界中保持正直和自律。

第二节　网络语言与高职院校校园文化的融合

网络语言文化是借助网络媒介而改革传统语言文化形成的一种变体。网络语言文化的研究是从语言学开始，逐渐演变成为社会学、传播学、心理学等其他学科均有涉及的热点，表明网络语言文化具有强烈的渗透性和跨领域的功能。我们研究的高职院校校园文化本身就是文化研究类别中的分支，新形势下，如何使网络语言文化服务于校园文化，趋利避害，融合发展，是个值得我们好好探讨的问题。

一、网络语言文化与高职院校校园文化建设不相融合的表现

（一）网络语言文化的虚构特征与高职院校校园文化建设的回环性有相互交叉的特点

网络语言文化从诞生起就带有虚拟化的标签，它是信息交流方式的重大变革的连锁反应。表面上看，网络语言文化的介入唤醒了高职院校学生的主体意识，但在网络语言文化不分主次、不加取舍地进入高职院校校园后，可能造成高职院校学生对主流意识认同感的削弱，导致其价值观和人生观产生偏差，甚至背离。高职院校校园文化是一个现实—精神—现实

的回环过程，并且这种回环是在不断更新的，这与网络世界语言文化的虚拟性和相对单向接受有明显的不同。所以，当网络语言文化一旦进入校园文化的范畴，其虚构特征在一定程度上消解了校园文化的回环中从精神到现实的实践指导过程，造成两者之间相互交叉的特点，如果引导不当就会将校园文化引向虚无缥缈方向，最终使其无法落地。

（二）网络语言文化的演进方式与高职院校校园文化建设的内在要求之间具有明显的差异

网络语言文化因网络而生，其包容性和自由化的特质使其成为一种独特的文化现象。这种文化在内容、形式和传播方式上都表现出高度的自由和多样性。然而，高职院校校园文化建设和发展则是受到高职教育理念、教育目标、人才培养模式，以及地域和环境等多种因素的制约。尽管网络语言文化和校园文化都有其独特的价值，但单靠网络语言文化来承担育人功能是不现实的，它更需要校园主体的亲力亲为和设身处地传承，这也揭示了二者之间的显著差异。网络语言文化的自由化基因源自其开放的传播环境和快速的更新速度。网络平台为人们提供了广阔的表达空间，使得各种新词汇、新表达方式层出不穷。这种文化不仅反映了年轻一代的创造力和想象力，也折射出他们对传统语言和文化的某种反叛与突破。然而，正因为网络语言文化的自由和多变，它在规范性和约束性上存在明显不足。许多网络用语缺乏严谨的语法规则和明确的含义，甚至可能包含粗俗、暴力或低俗的内容，这将对青少年的语言习惯和价值观产生潜在的负面影响。相较之下，高职校园文化建设和发展则具有更为明确的目标和规划。高职教育不仅关注学生的职业技能培养，更注重他们的人格塑造和综合素质提升。校园文化作为学校教育的重要组成部分，其建设和发展需要紧密结合教育理念和教育目标。例如，高职院校通常会通过校训、校风、校园活动等途径，传播积极向上的价值观，培养学生的责任感、合作精神和创新能力。这种文化建设过程需要学校管理者、教师和学生的共同参与，强调亲力亲为和设身处地实践。

地域和环境因素也会对高职院校校园文化产生重要影响。不同地域的文化背景和社会环境，决定了高职院校在文化建设中需要因地制宜，体现地方特色和区域优势。例如，在沿海地区的高职院校可能更注重国际视野和开放意识的培养，而内陆地区的院校则可能更强调传统文化和本土价值的传承。这样的差异性使得校园文化更具多样性和丰富性。从育人功能的角度来看，网络语言文化和高职院校校园文化之间的差异也十分明显。网络语言文化虽然能够在一定程度上反映社会现象和青年群体的思维方式，但其自由化和缺乏约束的特性，使其难以承担系统的育人功能。相反，高职院校校园文化则需要通过系统的教育活动和文化建设，形成有序的、积极的教育环境，真正实现育人目标。这需要学校的管理者和教师在实践中不断探索和创新，确保校园文化能够得到有效传承和发展。

（三）网络语言文化的标签化特征与高职院校校园文化社会化特征之间存在一定程度的排斥关系

网络语言文化的开放性和高职院校校园文化的相对封闭性相斥。首先，网络语言文化是功利性明显的"快餐"文化体系，而校园文化建设是非功利性的长期工程，它需要春风化雨般的长时间积淀和不断积累凝练升华，所以校园文化相较网络语言文化来说具有相当的稳定性。其次，网络语言文化的娱乐性与高职校园文化的正面严肃性相斥。在后现代主义影响下，网络语言文化呈现出许多"泛娱乐化"的特性，这与校园文化建设的正向传输、主流引导大相径庭。最后，网络语言文化跨领域衍生特征与高职校园文化的综合性是不同意义的概念。如今的高职院校校园文化是在普通的校园文化的基础上更多地融入职业文化、企业文化等形成一个社会化文化综合体，而网络语言文化则是更广泛意义上的不同文化交互碰撞形成的衍生体，它甚至超出了文化的范畴，显示了人和物的不同时空的存在与状态。所以，高职院校校园文化特点与网络语言文化的特性之间存在一定程度的排斥关系，它们之间具有天然的矛盾。

二、网络语言文化与高职院校校园文化融合发展的路径

（一）坚定政治方向，保持思想统一，是二者融合发展的前提

互联网开启了一个新的时代，凡是有互联网的地方就避免不要受到网络语言文化的影响。高职院校校园文化为了减少网络语言文化的强制渗透给学生带来的负面影响，与其退避三舍后避无可避，不如因势利导，借鉴优势，顺势发展。首先，高职院校校园文化建设要有正确的目标引领。在经济社会发展相对滞后地区的高职院校校园文化建设的目标和方向问题更是首当其冲。这些地区的高职学院要以社会主义核心价值观为统领，在继承和发扬优秀的传统文化基础上，将产业文化、企业文化、职业文化融入高职教育，带入高职校园，深入高职课堂，形成独具特色的先进校园文化。其次，高职院校校园文化是青年学生思想文化碰撞和汇聚的主要渠道，这些地区的高职院校应该做到有的放矢，批判吸收网络语言文化中的健康先进思想。网络语言文化的借鉴和应用要以扩大学生视野、增长见识、排解情绪等为出发点，以激发学生兴趣和创新意识为目标，把网络语言文化健康的积极向上的内容与传统文化的精髓以及校园文化的要求结合，形成共向共行的合力，才能让校园文化在弘扬民族文化，提高学校凝聚力，在促进学生全面发展以及服务地方经济、增进民族团结方面等起到积极作用。

（二）发挥载体作用，形成品牌推动，是二者融合发展的关键

高职院校校园文化要想借助网络语言文化来促进建设，就应该重视借鉴使用优秀的网络文化载体，让校园文化与网络语言文化的正面内容形成交集。"应积极创建网络文化载体，将和谐网络文化的内涵与精髓贯穿并

融入制成的文化产品中，使民众在网络娱乐消费时悄无声息地将主流意识形态渗透到其日常生活的方方面面"。现实境遇下，在"互联网＋"的文化热门产业中，高职院校校园文化首先应选择接受具有弘扬社会主义核心价值观内容的网络文化产品，积极宣传和使用互联网上传统文化、经典文化、红色文化等优秀文化内容，融合创新，推动发展。未来，高职院校还可以以网络文学、网络视频、网络动漫、网络音乐等为载体，形成更为丰富多彩的结合体，将更多体现优秀文化的思想观念、人文精神、道德规范等增加高职校园网络文化的基因，让二者完美结合。破除校园内的师生文化二元体系壁垒，将企业文化、职业文化融入高职校园文化，增加互通，形成独树一帜的高职多元化特色校园文化。

（三）变革交流方式，重视媒体对接，是二者融合发展的手段

当今时代是一个多种媒介形态并存的时代，媒体间的融合已经由一种趋势发展成为必然。例如，在我们网络问卷调查过程中发现，有51.18％的学生使用手机完成填写，有48.82％的学生是通过微信社交平台完成填写，手机微信平台在校园媒体交流中承担着越来越重要的角色。因此，作为承担着高校舆论引导、思想教育、文化建设等重要职能的校园媒体，必须积极调整媒介发展策略，适应社会发展。高职院校校园文化建设应充分借鉴网络语言文化发展的媒介，主动变革交流方式，大胆尝试通过网络方式建立学校官方论坛、博客圈、微信公众号等网络平台，利用博客、BBS和QQ等网络辐射载体，在师生之间以及在学校和外界之间搭建沟通交流的桥梁。针对新时代教师和学生的特点，专门开辟个性化博客、特色化的论坛、微信公众号和QQ空间人人通等网络阵地，在其平台上设立发布各类正面内容的信息、设立网络化的学术和思想交流的场所，设立帮助师生解决各类问题的交流营地等。高职院校校园文化建设，只有我们因势利导院校，网络语言文化才有更多的机会与校园文化建设形成合力。

（四）扩大开放特征，增强自我管理，是二者融合发展的动力

高职院校学生容易接受更多的新理念、新信息，这有助于促进校园文化建设主体的创造性思维。校园文化创建的学生群体的思维方式和行为方式的转变，使得高职院校校园文化建设具有更高程度的自主特征。所以，高职院校校园文化创建更趋向于互动性、开放性、平等性，这与网络语言文化的开放性、平等性有相互契合的地方。高职院校学生存在网络环境中的个性，是主体个性化的体现，他们不仅是网络中信息资源的消费者，同时也是信息资源的生产者。因此，高职院校校园文化建设应该给予学生更多的自主性，扩大学生的参与面，让学生自我约束、自我管理。例如，面向本校广大学生开放公众号、微博、QQ群等网络平台，这样，高职院校校园文化建设与网络语言文化氛围形成了共享，每个学生因校园文化的网络化建设而开拓了视野，提升了创造力。反之，网络语言文化也因高职院校校园文化的正确引导而为我所用，健康规范，客观上也更进一步促进了社会主义先进文化的快速发展。

总之，网络语言文化的优势和弊端越来越被人们所认识与发现，高职院校校园文化建设要充分借鉴网络语言文化的优势，让它在新的网络环境中焕发出崭新的活力，如果特色化的高职院校校园文化建立起来，就能为其建成特色鲜明独树一帜的优质高职院校形成强大的内涵支撑。

第三节　网络语言在高职院校校园文化建设中的影响及应用

随着我国互联网的不断发展，针对网络语言在校园文化建设中应用的研究也犹如雨后春笋般多起来，并且产生了一大批学术研究成果。有些研究主要是不同学科领域的学者进行的宽泛研究，没有针对性；有些文献随着时间的推移和互联网的不断发展，思想过于陈旧，不再适用于当前网络语言的发展状况。多数学者只是对网络语言对校园文化建设的消极影响方面进行探析，并没有过多挖掘积极影响，没有提出详细的应用及实际应用网络语言促进校园文化的建设发展对策。

一、网络语言对高职院校校园文化的积极影响

（一）有利于传播正能量的校园文化内涵

网络语言的应用可以使得校园充满正能量，加强积极向上的网络语言在校园内的传播，可以集聚校园的舆论正能量。网络语言的应用能够充分发挥大学生的创新能力，更新大学生的理念，丰富大学生的精神世界，提高大学生的学习兴趣。网络语言为大学生的语言环境注入了新的血液。大学生通过积极地参加校园文化活动，能够很好地建设校园文化，在不断参与活动的过程中，不断交流和表达观点，从而持续得到锻炼，使人文精神得到更好的发展，并具备社会责任感。

（二）有利于营造良好的校园文化氛围

通过网络语言的应用组织和设计开展内容丰富及形式新颖的校园文化活动，可以开展丰富的周末校园文化活动，开展大学生艺术节活动，完善校园里的文化活动设施，建设大学生文化活动中心，更好地开展校园文化活动，有利于营造良好的校园文化氛围，加强校园人文环境建设，有利于把校园建设成为社会主义先进文化的阵地。网络语言的应用使得校园文化的互动发生了很大变化，打破了传统的师生垂直型的关系模式，使其变为横向的交往模式。正是这些网络语言的出现，使得深奥的道理变得简单了，抽象的事物变得具体了，有利于大学生发挥主动性和创造性，营造良好的校园文化氛围。

（三）有利于塑造全新的校园形象

大学生应用网络语言是学生平等地享有语言权利的体现，可以体现出学校自由宽容的校风，体现大学生的主体精神，积极向上的网络语言则可以塑造全新的校园形象。"校园文化说到底是一种开放性的潜移默化的环境教育，它靠着内在的归属感和同化力来实现对学生的教育功能"。网络语言的应用使得校园文化的教书育人的功能得到进一步强化，网络语言原有的潜移默化的作用得到进一步发挥，校园网络文化的表现形式简单、生动活泼、便捷化、容易让人接受等，一改以前校园文化单一、形象呆板的情况，有利于塑造全新的开放性、自由性、便利性、双向性的校园新形象。

二、网络语言对高职院校校园文化建设的消极影响

（一）冲击校园文化的价值形成

消极的网络语言会对大学生产生消极影响，大学生如果接受一些反叛的网络语言，就会与社会的主流文化渐行渐远，进而直接冲击校园文化价值体系。网络语言的应用不需要遵循特定的规则和制度，具有很强的随意性及自主性，同时很难被控制，必然影响到校园文化发展的规范性。当前的网络环境并没有具体的法律规范，如果随意使用、传播消极、庸俗的网络语言，则可能导致大学生道德责任感的泛滥和缺失，使得校园文化的价值体系遭到冲击。

（二）抑制大学生的德育建设

由于在互联网上，人们不需要承担相应责任，网上的行为仅仅依靠用户自觉性和道德约束，缺乏完备的道德教育体系及法律体系，不道德的信息传播，使当前正在成长的大学生的道德责任感削弱，阻碍大学生的德育建设，不利于营造良好的网络道德氛围，也不利于大学生思想道德风尚的升华。随着网络语言的不断发展，享乐主义会通过网络语言传播，影响大

学生的生活及学习，必然对大学生的人生观、道德观、价值观造成冲击，影响大学生思想道德素质的提高。

（三）阻碍社会良好风气的传播

网络语言是一把"双刃剑"，它既可以极大地促进社会的发展，又可能因应用不当或者缺乏规范而损害社会公德，妨碍社会发展。不道德的网络用语，比较容易引发学校同学之间的矛盾，导致社会问题的激化，网络语言的低俗、虚假信息，会使一些判断能力不强的大学生受到影响，进而对社会产生极其不良的影响。

三、网络语言在高职院校校园文化建设中的应用

（一）学校应加强规范学生的语言使用

针对网络语言存在的问题，教师需引领大学生合理使用网络语言。"对于正确使用的网络语言应该给予支持和鼓励，但对于使用不当的网络语言应该予以规范，防止其对主流汉字语言的干扰"。学校应充分利用学生创新性的特点，将学生积极引导到校园的文化建设中，通过校园文化建设活动让学生认识正确的网络语言。同时学校还应开展收集有关网络文明语言的活动，并运用这些流行语开展辩论赛等活动，加强对不文明的网络用语的控制，鼓励那些充满活力的、能够丰富校园文化的语言的使用及发展，加强对BBS论坛的建设和规范管理，有效遏制校园网上有害信息的传播，不断提高大学生网上行为的社会责任感和网络道德觉悟。学校要加深学生对网络语言的理解和认识，形成良好的校风、教风和学风。

（二）学生应严格规范思想行为

网络生活中的道德要求是人们在网络生活中为了维护正常的网络公共秩序需要共同遵守的基本道德准则，是社会公德规范在网络空间的扩展和运用。网络语言对大学生的生活和学习产生了极大影响。大学生是最熟

悉网络的群体之一，应当严格要求自己，养成健康、科学、文明的上网习惯。同时，大学生应该严格规范自己的思想和行为，提高辨别网络用语的能力。大学生应该提高网络素养，增强绿色网络意识，提高对不良网络信息的分辨能力，增强在网络生活中的自我控制能力，加强自我的道德和法治观念，养成良好的网络语言的使用习惯。

（三）学校应努力建构良好的网络平台

党的十八大报告提出要"加强和改进网络内容建设，唱响网络主旋律。加强网络社会管理，推进网络依法规范有序进行。开展扫黄打非，抵制低俗现象"。加强网络管理是一项社会工程，应该对校园网的安全进行检查和监督，保护校园网的信息来源的合理合法性。大学校园中管理校园网的网络管理员要规范大学生的上网行为，在校园内建立完善的网络管理制度，加强对网络的监控，防止不良网络信息的传播。学校要实行实名注册上网，营造良好的校园网络氛围。网络环境下，大学生更加自主、更具个性化，希望通过校园网络表达思想，抒发情感，甚至参与学校民主管理。对师生在网络上使用的各种不良网络用词，则需要采取相应的措施进行纠正，使师生正确使用网络语言。

学校应运用积极文明健康的网络语言大力推进校园文化建设，认识到网络语言的正确使用将有利于营造良好的校园文化氛围。同时，加大网络校园的教育力度，提高大学生的思想文化素质，促进校园文化大发展大繁荣。顺应时代的发展潮流，与时俱进地用发展的眼光看待网络语言。在校园建设中，利用正确文明的网络语言展开校园文化建设活动，有效利用网络语言宣传学校形象，促进校园文化繁荣发展。

第四节　网络语言在高职院校校园文化活动中的体现

一、主持人或演员的表达方式

（一）促进参与和共鸣

主持人和组织者在活动中巧妙地运用网络语言和热门梗，能够有效地拉近与学生的距离，增加学生对活动的参与感和共鸣，从而提升活动的吸引力和影响力。网络语言和梗的使用能够创造轻松和愉快的活动氛围。在校园文化活动中，学生往往面对各种课业压力和生活琐事，他们希望通过参与活动来放松心情和减轻压力。主持人通过使用熟悉的网络语言和梗，不仅可以引起学生的共鸣，还能快速打开活动的气氛，让参与者感到轻松愉快，更愿意积极参与到活动的各个环节中去。网络语言和梗具有快速理解与传播的特点，能够迅速在学生群体中形成共识和认同。主持人和组织者可以根据活动的性质与目的，精心挑选适合的网络语言和梗进行引用和解说。例如，利用流行的网络梗来介绍活动的背景或者参与规则，通过幽默和生动的表达方式吸引学生的注意力，引发他们的兴趣和参与欲望，从而增加活动的参与率和成功度。

网络语言和梗作为青年人文化认同的一部分，能够促进学生对校园文化活动的认同感和归属感。当主持人在活动中使用学生熟悉的网络用语和流行梗时，学生会感到自己处于一个与自己文化价值观相符合的社群中，这种认同感会激发他们更强烈的参与情绪和动机。例如，通过引用某个热门的网络短语或者表达方式，主持人不仅让学生感到主持人与自己处于同一文化语境中，同时也会激发他们参与和支持活动的愿望。同时网络语言和梗的使用还能够提升活动的趣味性与互动性。在举办各类比赛、晚会或者文化节时，主持人可以设计有趣的互动环节，通过学生熟悉的网络语言和梗来增添活动的趣味性与创意性。例如，设置网络语言挑战环节或者梗语音模仿比赛，让学生在参与竞赛的过程中感受到轻松和愉快，同时增加他们与活动的互动性和参与感。

（二）创造轻松和愉快的氛围

主持人巧妙地使用网络语言，能够有效地为活动现场增添一种幽默和轻松的氛围，让参与者感到更加舒适和享受，从而提升活动的参与度和互动效果。网络语言的幽默和轻松特点能够快速打开活动的气氛。在校园文化活动的开场和过程中，主持人可以利用流行的网络梗或者幽默的网络用语来介绍活动内容或者与参与者进行互动。例如，通过调侃和轻松的语调介绍活动规则，或者在交流中巧妙地插入一些网络流行语，能够迅速吸引到学生的注意力，让他们在轻松愉快的氛围中参与到活动中来。网络语言的使用可以增加活动的趣味性和创意性。主持人可以设计一些有趣的互动环节或者游戏，通过学生熟悉的网络语言和梗来增添活动的趣味性。例如，设置网络语言的笑话或者梗语大赛，邀请学生在活动中分享自己的创意和幽默，不仅能够让现场氛围更加轻松活泼，还能够拉近主持人与参与者之间的距离，增强互动效果。

网络语言的运用能够促进参与者之间的共鸣和互动。很多网络梗和语言表达方式都是年轻人的文化符号与认同标志，通过在活动中引用这些网络语言，可以迅速建立起与参与者之间的共同语言和理解。这种共鸣不仅让学生感到自己处于一个与自己文化价值观相符的社群中，还能够促进他们之间的交流和互动，增强活动的参与感和归属感。网络语言的运用还能够提升主持人的亲和力和表达能力。通过熟练运用网络语言，主持人不仅展现出其对当代青年文化的了解和感知，还能够展示出自己的幽默感和沟通能力。这种活跃的主持风格和语言表达方式，能够让主持人与参与者之间建立起更加紧密和融洽的联系，从而增强活动的吸引力和参与度。

（三）反映当代文化

网络语言和梗作为当代文化的重要组成部分，代表了年轻人对传统表达方式的重新解构和创新。学生常常通过使用流行的网络词汇和梗来调节和表达自己的情感与态度。例如，在文化节或晚会上，学生可能会引用最新的网络流行语来开玩笑或讽刺某种社会现象，这种幽默和调侃不仅增加了活动的趣味性，还表达了他们对社会和生活的独特看法。网络语言和梗的运用反映了年轻人在社交和文化交流中的共同体认知与文化共鸣。主持人和组织者可以利用学生熟悉的网络语言来介绍活动的背景和意义，这不仅能够快速拉近主持人与参与者之间的距离，还能够增加参与者之间的认同感和团结力量。例如，通过调侃社会热点或者使用流行的网络梗来引导讨论，能够促进学生之间的思想碰撞和交流，进一步丰富校园文化的内容和形式。

网络语言和梗的运用促进了文化跨界和信息传递的效率。在信息化快速发展的今天，学生通过社交媒体和网络平台获取信息的速度及方式与以往有了显著区别。主持人和组织者可以借助网络语言和梗来快速传递活动信息并吸引学生的注意力。例如，利用热门的网络梗或者语言表达方式来宣传活动，能够迅速引起学生的关注和参与欲望，提升活动的传播效果和影响力。同时网络语言和梗的使用还能够激发学生的创造力和表达欲望。在参与校园文化活动的过程中，学生通过参与各种有趣的互动和竞赛，不仅能够锻炼自己的表达能力和创意思维，还能够增强他们在团队合作和沟通交流中的能力。例如，在文化节的创意表演中，学生可以通过自己对网络梗的重新解构和创新，展示出其独特的才艺和个性魅力，进一步丰富和拓展校园文化的内涵与外延。

二、文艺表演中的创意运用

（一）歌词和音乐表达

随着网络语言在日常交流中的普及，它们也开始渗透到这些文化活动的核心，通过歌词和音乐表达，与观众建立更直接和紧密的联系。网络用语和梗的引入使得歌词更加贴近年轻人的生活方式与沟通习惯。例如，歌曲的歌词可能会采用流行的网络缩写、诙谐幽默的网络梗或者具有强烈表达情感的网络流行语。这种语言的使用不仅令观众感到亲切和熟悉，也增加了歌曲与听众之间的共鸣。网络语言的应用丰富了歌舞剧的表现形式和风格。传统的音乐剧和歌舞剧往往以文学性强、正式语言为主，而现代的校园文化活动则更倾向结合当下年轻人喜爱的语言和文化元素。通过融入网络语言，歌舞剧可以更生动地表现出角色的个性和情感，同时也增加了戏剧性和趣味性。例如，一些角色可能会在歌词中使用类似于"666""酷毙了"等网络短语，这不仅丰富了角色形象的多样性，还使得观众更容易投入故事情节中。

网络语言的引入推动了校园文化活动的创新和多样化。在以往，音乐会和歌舞剧可能更注重传统的文化价值与叙事形式，而今天的表演则更加开放和多元。通过接纳和包容网络语言，这些活动不仅能够吸引更广泛的观众群体，还能够更好地反映当代青年的审美趣味和文化态度。例如，在校园文化周或者校庆活动中，一些具有代表性的音乐作品可以通过重新编排和歌词修改，以更贴合年轻人的口味和情感需求。网络语言的应用不仅限于歌词和音乐表达，还可以延伸到舞蹈、舞台设计以及整体的表演风格。在舞蹈演出中，舞者可以通过动作设计和表情来诠释网络语言所代表的情感与态度，从而增强表演的感染力和观赏性。同时，舞台设计师和灯光师也可以借助网络文化的视觉符号和色彩搭配，为整个表演创造出更加生动和富有现代感的视觉效果。

（二）舞蹈和动作设计

随着网络文化的普及和影响力增强，舞蹈表演逐渐融入了流行的网络语言、手势和动作，这些元素不仅增强了表演的趣味性和现代感，也展示出学生对当代文化的敏锐感知和创新表达。舞蹈表演中引入特定的网络文化手势和动作，使得表演更加富有个性和时代感。例如，一些流行的网络挑战或表情包中的手势动作，如挥手问好、比心手势、摇滚手势等，经常被舞者巧妙地融入舞蹈编排中。这些手势不仅是动作上的装饰，也是表达情感和沟通的方式，使得观众能够更直接地理解和共鸣。同时网络文化中的视频梗和流行元素也常常成为舞蹈表演的创意灵感来源。例如，一些广为流传的网络视频中的特定动作或舞步，可能会被舞者重新解构和演绎，融入舞蹈作品中。这种创新不仅让表演更富有趣味性和独特性，同时也展示出学生对网络文化和流行文化的深入理解和创新能力。

网络语言和文化元素的运用推动了舞蹈表演形式的多样化与实验性的发展。在传统的舞蹈剧目之外，学生可以通过创作自己的舞蹈作品，自由地融入他们喜爱的网络语言和文化符号。例如，一些以流行歌曲为基础的舞蹈作品，可以通过舞蹈动作和舞台表现来诠释歌曲中所表达的网络梗或情感。这种创新不仅展示了学生们舞蹈技巧和表现力，也丰富了校园文化活动的形式和内容。网络语言在舞蹈表演中的应用不仅限于动作设计，还包括舞台背景、服装设计和灯光效果等方面。通过使用特定的视觉符号和色彩搭配，舞台设计师可以为表演创造出更加丰富和生动的视觉效果，进一步增强表演的感染力和视觉吸引力。这些元素的整合不仅使得舞蹈表演更具有舞台艺术的完整性，也提升了观众在感官和情感上的参与感。

三、社团活动中的语言使用

在高职院校的校园文化活动中，社团举办的公共演出、展示或比赛不仅是展示学生才华的舞台，也是表达他们对当代文化理解和参与的重要途径。社团成员常常会融入他们熟悉的网络语言元素，如台词、歌舞表演中的歌词、舞蹈动作或戏剧对白，以增加表演的现代感、趣味性，并与观众建立更紧密的互动关系。社团活动中融入网络语言元素的方式多种多样，主要体现在表演的文本和内容中。例如，戏剧表演中的台词对白可能会引入流行的网络梗或幽默表达，这不仅增加了剧情的趣味性，也使得观众更容易与角色的情感和境遇产生共鸣。例如，一些喜剧类的戏剧作品可能会采用常见的网络用语或笑话，使得观众在笑声中更深入地体验到剧情的喜剧效果。同时音乐和歌舞表演中的歌词也经常被设计成能够引发观众共鸣的方式。网络语言的引入使得歌词更贴近年轻人的生活方式和审美趣味，如使用流行的网络缩写、诙谐幽默的网络梗或具有情感共鸣的网络流行语。这种语言的使用不仅增加了歌曲的现代感，也使得观众更容易沉浸在音乐表演的氛围中，并参与到情感的表达和体验中去。

舞蹈表演中的动作设计可以融入特定的网络文化手势或动作，从而增强表演的趣味性和现代感。例如，一些流行的网络挑战或表情包中的特定动作，如翻转瓶盖挑战的手势、流行舞蹈挑战中的舞步等，经常被舞者巧妙地融入舞蹈编排中。这些动作不仅丰富了舞蹈的表现形式，也使得观众更容易理解和参与到表演的节奏和情感表达中去。在比赛和展示类的活动中，网络语言的运用更是增加了参与者和观众之间的互动与交流。例如，一些演讲比赛中的演讲内容可能会使用流行的网络语言来增加言语的生动性和幽默感，从而更好地吸引和保持观众的注意力。这种创新不仅展示了参与者对当代文化的了解和适应能力，也为演讲内容的表达和传达增添了新的元素与维度。社团活动中的网络语言元素不仅是表演形式上的创新，更是文化交流和情感表达的新途径。在未来的校园文化活动中，随着网络语言的持续发展和演变，它将继续为表达多样性和文化创新提供更多的可能性与机遇。

四、活动主题和口号

（一）活动主题的选择

越来越多的活动选择以流行的网络用语或梗来命名，或者以当下流行的网络文化事件为灵感，这样的设计不仅使活动更具现代感和趣味性，也能有效地激发学生的兴趣和参与热情。将流行的网络短语作为活动主题的选择已经成为一种趋势。这些网络短语通常是年轻人在社交媒体或在线平台上经常使用的词汇或表达方式，如"扎心了老铁""666""加速""咸鱼翻身"等。将这些词汇作为活动主题，不仅能够迅速吸引学生的眼球，还能够使活动在推广和宣传过程中更具有话题性和传播力。例如，一些校园节日或校园文化周可能会以"燃起来！2024校园文化周"或者"加速生活，共享快乐！扎心了老铁节日"等形式命名，通过熟悉的网络用语直接与学生的日常生活和语言习惯联系起来，增加了活动的参与度和亲和力。另外，以当下流行的网络文化事件为灵感来命名活动主题也是一种常见的策略。这些文化事件可能包括热门的网络挑战、流行的视频梗或者社交媒体上广泛传播的话题事件。例如，某个流行的视频挑战如将"翻转瓶盖挑战"作为一个活动主题，"挑战乐享校园：翻转瓶盖大赛"或者"挑战创新，展示青春：2024翻转瓶盖节"。这种设计不仅与学生的文化消费和社交媒体行为相契合，也能够吸引更多学生参与到活动中来，共同探讨和分享他们对这些文化事件的理解和感受。

选择流行的网络梗或文化元素作为活动主题可以在活动内容和形式上融入更多创意与趣味性。例如，在校园文化周中，可以设置各种与网络梗相关的主题日或活动项目，如"表情包大赛""热搜话题讨论会""抖音舞蹈派对"等，通过这些活动不仅展示出学生对当代流行文化的熟悉程度，也促进了校园文化的多样性和活跃度。同时通过选择流行的网络用语或梗作为活动主题，还可以在活动策划和执行中增加参与者的互动性和创意性。例如，一些社团或学生组织"梗语抽奖大会""网红表情包拼图比赛"等活动，让参与者通过创造性地运用网络语言和文化元素来展示自己的创意及个性。这种互动不仅促进了学生之间的交流和合作，也培养了他们在创意表达和团队合作方面的能力。

（二）口号的运用

流行的网络词汇或梗作为口号的选择能够使活动更具时代感和现代性。这些词汇或梗通常是年轻人在社交媒体或在线平台上频繁使用的表达方式。将这些词汇融入活动口号中，使口号更加接地气和贴近学生的生活方式。例如，一个校园音乐节的口号可以是"扎心了老铁，一起来感受音乐的力量！"这样的口号不仅直击年轻人的情感共鸣点，还能够通过熟悉的网络语言快速传递活动的核心理念和情感价值。同时将网络词汇或梗作为口号还能够增强口号的表达效果和记忆性。这些词汇通常具有独特的表达方式和情感色彩，能够在短短几个词语中传达出丰富的信息和情感。例如，"666"作为口号可以表达出对某种创新或者精彩表演的赞赏和认可，"加速"则可以暗示活动的节奏快速和充满活力。这种简洁而有力的表达方式不仅易于观众记忆，也能够在瞬间内引发他们的情感共鸣和参与欲望。

选择流行的网络词汇或梗作为口号能够提升活动的品牌形象和影响力。一个富有创意和现代感的口号不仅能够吸引更多的参与者，也能够在社交媒体上得以迅速传播，进而增加活动的曝光率和影响力。例如，一个校园电竞比赛的口号可以是"加速冲击，电竞梦想！"这样的口号不仅能够吸引电竞爱好者的关注，还能够在网络平台上引发讨论和分享，进一步扩大活动的影响范围和参与度。同时网络语言在口号运用中的创新和多样化也能够为校园文化活动注入更多的活力和创意。通过挖掘和运用流行的网络用语或梗，可以为不同类型的活动设计出具有独特个性和文化特征的口号，从而使活动在校园文化中脱颖而出。例如，在校园节日或文化周活动中，可以设计一系列口号主题日，每个主题日的口号都围绕着不同的网络文化元素展开，如"热搜大作战"等，通过这种方式不仅能够增加活动的趣味性和参与度，还能够丰富学生们的文化体验和交流互动。

五、活动内容和表现形式

（一）视频内容和风格

参与者可以选择模仿流行的网络名人、网络红人或知名的网络视频内容，通过自己的解读和表演来展示出独特的才艺与创意，从而吸引观众的注意力，并与他们分享自己的文化观点和生活态度。模仿流行的网络名人或网络红人是一种常见的视频内容创作方式。在社交媒体和视频平台上，有许多知名的网络名人和红人，他们以独特的表达方式和内容吸引了大量粉丝与观众。参与者可以选择模仿这些名人的语言风格、行为举止或特定的表演风格，通过自己的演绎展示出对其的理解和致敬。例如，模仿某位知名的网络喜剧演员，通过刻意夸张的表情和语调来制造幽默效果，或者模仿某位流行音乐视频的舞蹈动作和造型，展示出对其舞台表演风格的理解和喜爱。

参与者可以选择模仿知名的网络视频内容或挑战，通过自己的解读和重新创作来展示个人的才艺与创意。例如，某个流行的网络挑战如"翻转瓶盖挑战"或者"指尖舞蹈挑战"，参与者可以录制自己的挑战视频，并在其中加入个人的创意和表达，如特定的舞蹈动作、幽默的表情或者特效处理，从而使得视频内容更具个性化和吸引力。这种方式不仅能够展示参与者对流行文化的敏锐捕捉和创新能力，也能够通过参与者个性化的表达方式吸引观众的共鸣和喜爱。同时视频内容和风格的选择还可以反映参与者对当代网络文化的理解和态度。通过选择特定的网络视频内容或风格，参与者不仅在展示自己的才艺和创意，也在传递自己对当代网络文化的独特看法和态度。例如，某位参与者选择模仿一部流行的网络短剧，通过自己的演绎和解读来表达对社会问题的关注或对生活态度的反思，这种表达方式不仅能够吸引观众的关注，还能够引发观众对相关话题的深思和讨论。另外，视频内容和风格的多样化也能够丰富校园文化活动的形式和内容。通过在活动中引入视频创作比赛或展示环节，学生有机会展示自己在视频制作和表达方面的才华与创意。这种形式不仅能够促进学生在视听表达和创意设计方面的能力培养，还能够为校园文化活动增添新的亮点和吸引力，吸引更多学生积极参与。

（二）现代化与趣味性

运用网络语言和文化元素丰富了活动的表达形式与内容。随着互联网和社交媒体的普及，网络语言如梗、流行词汇和表情包已经成为年轻人日常交流的重要组成部分。将这些元素融入校园文化活动中，不仅可以增加活动的亲和力和趣味性，还能够使参与者和观众更容易产生共鸣与参与感。例如，在校园音乐会上，歌手可以在歌词中引入流行的网络梗，或者在表演中使用熟悉的网络手势和动作，这样不仅能够增加观众的笑点和互动性，还能够使整个演出更贴近学生的生活和审美趣味。运用网络语言和文化元素能够激发学生的创造力与表达欲望。在校园文化周或特定主题活动中，学生可以通过创意视频、网络梗演绎或表演艺术作品，展示他们对网络文化的理解和个人风格。例如，一些学生社团可能会组织"梗语创意大赛"，鼓励参赛者以流行的网络梗为灵感创作短视频或文学作品，通过这种方式培养学生在创意表达和多媒体艺术方面的能力，同时也促进了校园文化的多样性和活跃度。

　　运用网络语言和文化元素能够增强活动的宣传效果与社交媒体影响力。当今社会，社交媒体已经成为信息传播和互动交流的重要平台，通过在活动中引入流行的网络语言和文化元素，可以更加有效地吸引学生在社交媒体上的关注和参与。例如，在校园文化节或艺术展览的宣传中，可以设计具有独特网络元素的海报和宣传视频，利用流行的网络短语或梗来增加传播的吸引力和传播的效果，从而扩大活动的影响范围和参与度。运用网络语言和文化元素促进了校园文化活动的现代化和国际化。随着全球化和信息化的发展，不同文化之间的交流和融合日益频繁，运用网络语言和文化元素不仅能够使活动更具国际化的视野与吸引力，还能够帮助学生更好地理解和融入全球化的文化潮流。例如，在国际文化交流活动中，运用通用的网络语言和文化元素可以有效地促进跨文化交流与理解，打破语言和文化的障碍，使参与者能够更加自信和积极地表达自己的观点及理念。

第六章
网络语言对高职院校学生心理的影响

第一节　网络语言与高职院校学生的自我认同

一、文化适应与创新

（一）融合本地文化

在信息化和全球化的背景下，网络语言作为一种新的交流方式，正深刻地影响着高职院校学生的生活和学习。然而，网络语言的广泛使用也带来了一些问题，如语言的单一化和文化认同感的削弱。为了解决这些问题，学生可以尝试将本地文化的元素融入网络语言中，创造出具有地方特色的表达方式。这不仅使网络语言更贴近学生的生活，也会增强其对本地文化的认同感。融合本地文化的网络语言有助于增强高职院校学生的自我认同感。自我认同感是指个体对自己身份和价值的认识与肯定。当学生在使用网络语言时能够融入本地文化的元素，他们会感到自己与本地文化之间有更深的联系。例如，某些方言词汇或地方特有的文化符号可以作为网络用语的一部分，这样不仅使交流更加生动有趣，也让学生在表达自我的同时感受到文化的归属感和认同感。将本地文化融入网络语言中可以丰富网络语言的多样性。网络语言的多样性是其生命力的重要来源。当学生在网络交流中加入本地的文化元素，如地方方言、民俗习惯、传统节日等，这些独特的文化符号不仅丰富了网络语言的表达方式，也使得网络语言更加多彩和有趣。例如，广西的学生可以在网络交流中使用"酸辣粉""柳州螺蛳粉"等具有地方特色的词汇，而广东的学生则可以使用"早茶""粤剧"等词汇。这些地方特色的词汇不仅增加了交流的趣味性，也使得网络语言更具地域特色。

融合本地文化后的网络语言可以促进高职院校学生对本地文化的传承和发展。本地文化是一个地区的重要文化遗产，具有独特的历史和价值。高职院校学生作为年轻一代，如果能够在日常交流中使用和传播本地文化的元素，就可以在潜移默化中起到传承和弘扬本地文化的作用。例如，在网络语言中加入本地的传统节日名称、习俗描述或地方特产的名称，可以让更多的人了解和认同这些文化元素，从而促进本地文化的传播和发展。融合本地文化的网络语言可以增强学生的文化自信。文化自信是一个民族对自己文化的肯定和自信心。当高职院校学生在网络交流中使用本地文化元素，并受到他人的认可和喜爱时，他们不仅更加自信地面对自己的文化身份，也会乐于传播和分享自己的文化。这种文化自信不仅有助于学生自身的发展，也有助于整个社会文化多样性的维护和发展。

（二）与次文化的结合

ACG（Animation，动画；Comics，漫画；Game，游戏）文化是网络语言中非常重要的一部分。ACG是一种广受年轻人喜爱的次文化形式。学生经常使用与ACG相关的词汇和表情包，如"宅男""萌""打call"等。这些词汇和符号不仅是简单的表达工具，也是ACG爱好者之间的一种身份认同。当高职院校学生在网络交流中使用这些ACG元素时，他们能够迅速找到有共同兴趣的朋友，并且通过讨论和分享ACG内容，加深彼此的理解和认同。例如，一个喜欢《进击的巨人》的学生，可能会在聊天中使用该动画中的经典台词或表情包，这不仅表达了他对该动画的喜爱，也容易引起其他同样喜欢《进击的巨人》学生的共鸣，从而建立起一种文化认同感和归属感。音乐文化是网络语言中的重要组成部分。随着数字音乐平台的发展，音乐已经成为年轻人生活中不可或缺的一部分。网络语言中充满了各种音乐元素，如歌词摘录、音乐梗、歌手名等。例如，某些流行歌曲的歌词可能会成为网络热词，被广泛引用和改编。高职院校学生通过使用这些音乐元素，不仅可以表达出自己的音乐品味，还能够找到喜欢同一类型音乐的朋友，从而增强社群感和归属感。例如，一位喜欢嘻哈音乐的学生，可能会在网络聊天中引用嘻哈音乐中歌词或使用嘻哈音乐中专有名词，这不仅让他能够表达出自己对嘻哈音乐的热爱，也容易吸引其他嘻哈音乐爱好者的注意，进而形成一个具有共同音乐兴趣的小圈子。

其他次文化如电竞文化、时尚文化等，也在网络语言中占据着重要地位。在电竞文化中，学生会使用"开黑""五杀"等术语，而在时尚文化中，学生则会讨论"复古风""街拍"等话题。通过对这些次文化元素的使用，高职院校学生可以更好地表达自己的兴趣爱好，并通过网络找到与自己有相同爱好的朋友。例如，热衷于电竞的学生，通过使用电竞术语，可以迅速与其他电竞爱好者建立联系，一起讨论游戏策略和比赛结果，从而在网络空间中找到归属感和认同感。通过在网络语言中结合次文化元素，高职院校学生能够在与多元文化的交织中找到自我认同。这种认同感不仅源自对某一特定文化的热爱，也源自在这一文化领域中可以找到志同道合的朋友。网络语言作为一种文化表达方式，不仅促进了学生之间的交流和互动，还可以增强他们对自我身份的认同感。当学生在网络中找到与自己兴趣相投的伙伴时，他们会感受到一种强烈的归属感和满足感，这对他们的心理健康和社交能力的发展都有着积极的影响。

（三）全球流行文化的影响

在当今全球化的背景下，网络语言不仅限于本地文化和次文化，还大量吸收了全球流行文化的元素，如英语俚语、流行语等。这种文化交流使高职院校的学生能够更好地理解和参与全球化的文化互动，同时也会对他们的自我认同感产生深远的影响。全球流行文化的影响使得高职院校学生在网络交流中更加国际化。通过使用英语俚语和全球流行语，学生能够突破语言和文化之间的界限，与世界各地的人进行交流。例如，学生在聊天中常用的"LOL"（laugh out loud，笑出声）、"BRB"（be right back，马上回来）等网络用语，早已成为跨文化交流的一部分。这些全球通用的语言元素，不仅丰富了学生的表达方式，也让他们在参与全球文化互动时更加自如和自信。吸收全球流行文化的元素，使得高职院校学生能够更好地接触和理解不同的文化背景。在了解这种文化的多样性和包容性后，将有助于开阔他们的视野，增强文化敏感性。例如，通过观看好莱坞电影、听流行音乐、玩国际热门游戏，学生能够接触到不同国家和地区的文化特点与人们的价值观。这不仅可以拓宽他们的知识面，也可以让他们在与不同文化背景的人交流时，能够更好地理解和尊重对方的文化。

同时全球流行文化的影响还体现在学生对其自我认同感的塑造上。当高职院校学生在网络交流中使用全球流行文化的元素时，他们不仅是在表达对这些文化的喜爱，也是在寻找和确认自己的身份。例如，喜欢欧美音乐的学生，可能会在社交平台上分享自己喜欢的歌曲，通过在交流中加入这些音乐元素来表达自己的兴趣和态度。同样，喜欢日本动漫的学生，可能会在网络中使用大量的漫画词汇和动漫表情包，这不仅是对动漫文化的认同，也是对自身兴趣和爱好的确认。这种文化认同感的形成，有助于学生在全球化的背景下找到自己的定位和归属感。通过与全球流行文化的互动，高职院校学生能够在网络中找到志同道合的朋友，建立起跨文化的交流圈。这种文化交流不仅是对全球文化的吸收和认同，也是对自我身份的确认和强化。例如，一位喜欢韩国流行音乐的学生，可能会在网络上结识其他同样喜欢韩国流行文化的朋友，通过分享和讨论音乐、偶像信息、电视剧等，形成一个有共同兴趣的小群体，从而在全球化的背景下找到属于自己的文化归属。同时全球流行文化的影响也会促进高职院校学生的个人发展。在吸收和融入全球文化的过程中，学生不仅会提升语言能力和跨文化交流能力，也可以增强自我表达和自我认同的能力。这种文化交流和互动，有助于学生更好地适应未来的社会和职场，成为具有全球视野和跨文化沟通能力的现代人才。例如，通过参与国际文化交流活动，学生可以积累丰富的跨文化交流经验，提升自己的综合素质和竞争力，从而在全球化的时代中脱颖而出。

二、教育和引导面临的挑战

（一）标准语言使用的淡化

在当今信息化的时代，网络语言作为一种新兴的交流方式，深受高职院校学生的喜爱。网络语言的广泛使用可能会削弱学生对标准语言的重视。网络语言通常具有简洁、直观、幽默等特点，适合在非正式的交流场合中使用。然而，在学术写作和正式场合中，标准语言的使用则显得尤为重要。标准语言具有严谨、规范和准确的特点，是表达复杂思想和严肃主题的有效工具。当学生在网络交流中频繁使用网络语言时，他们可能会忽视标准语言的特点，从而在需要使用标准语言的场合中表现出语言使用不规范的问题。例如，一些学生在学术论文中使用网络语言中的缩写、俚语或不正式的表达，这不仅会影响论文的学术水平，也可能导致导师或评审对其学术能力产生怀疑。频繁使用网络语言可能会影响学生的语言表达能力和逻辑思维能力。标准语言的学习和使用，不仅有助于提高学生的语言表达能力，还能促进他们的逻辑思维发展。网络语言往往过于简化，缺乏逻辑性和结构性，不利于学生培养严谨的思维方式和表达能力。

网络语言的频繁使用可能对学生的职业发展产生不利影响。在职场中，标准语言的使用是使用者衡量职业素养和专业能力的重要标准之一。无论是撰写正式报告、与客户交流，还是进行专业演讲，标准语言的规范使用都是必要的。当学生习惯使用网络语言，他们可能就会在正式场合中不自觉地使用不规范的表达，导致职业形象受损。例如，一些学生在求职面试或工作汇报中使用网络语言中的俚语或非正式表达，这不仅会影响他们的专业形象，也可能使雇主对其职业素养产生怀疑。然而，网络语言并非完全不可取。在适当的场合和范围内，网络语言能够丰富学生的表达方式，增强交流的趣味性和亲和力。关键在于学生需要学会在不同场合下灵活切换语言模式，明确网络语言和标准语言的使用边界。例如，学生可以在日常社交和娱乐中使用网络语言，而在学术写作、正式交流和职业场合中严格使用标准语言。这种语言使用的灵活切换，既能满足不同交流需求，又能保证语言使用的规范性和严谨性。

（二）给文化和价值观带来的冲击

网络语言中的文化元素可以是地域性的或特定群体的代表，如ACG文化、互联网迷因文化等。这些文化元素通常反映了特定社群的喜好、价值观和态度。例如，在ACG文化中，可能存在着特定的道德观念、审美标准和社会价值观，这些观念和标准在一定程度上可能与传统教育所强调的主流价值观存在差异。当学生频繁接触并使用网络语言时，他们可能会被这些文化元素所影响，从而在形成自己的世界观和价值观时受到这些文化观念的影响。一些网络语言可能包含不健康或消极的价值观，如暴力、色情、歧视等。例如，一些网络迷因可能以歧视某一群体或弱化严重社会问题为噱头，这种表达方式可能会误导学生认为这种态度是可以被普遍接受的或有趣的。当学生长期接触并习惯认同这些消极的价值观时，可能会影响其对社会、文化和伦理问题的判断与态度的形成，从而与学校教育中所传达的正面价值观产生冲突。网络语言内容的快速变化和不断更新，使得其中的文化和价值观也随之变化。这种变化速度可能会超过传统教育体系对学生价值观的培养。例如，某些网络流行语或表达方式可能在短时间内迅速流行，但随着时间推移，它们的文化背景和价值观可能已经发生了改变。这种快速变化的特性使得学生在接触和使用网络语言时，就需要有批判思维和辨别能力，以避免其受到不良价值观的影响。

学校首先可以通过开展价值观教育和伦理道德课程，引导学生正确理解和评估网络语言中的文化与价值观，帮助他们形成正确的判断力和道德意识。其次，学校可以加强对学生网络语言使用的指导和监督，制定明确的网络行为准则和规范，规范学生在网络交流中的语言和价值观的表达。此外，教师和家长的关注与引导也是非常重要的，他们可以与学生进行沟通和讨论，帮助学生理解和分析网络语言背后的文化与价值观，并引导他们形成积极健康的人生态度和价值观。

三、学习与发展

（一）负面影响

1.书面表达能力下降

网络语言中的简写、拼音缩写以及不规范的表达方式，虽然在日常社交中显得便捷和通俗，但若不加以区分和控制，可能会渗透到学生的正式写作中，导致其书面表达能力下降，影响其学业成绩和职业发展。网络语言的简洁和速度是其受欢迎的主要原因之一。例如，一些常见的网络缩写如"BTW"（by the way，顺便说一下）、"LOL"（laugh out loud，大笑），虽然在即时通信和网络社交媒体中极为常见，但它们的使用往往忽略了书面表达中的正式和规范性要求。当学生习惯在网络交流中使用这些简写和缩写时，他们就可能在学术写作或正式文档中误用或过度使用，导致表达不清晰或显得不专业。同时网络语言中常见的拼音缩写和语法错误也可能影响学生的书面表达能力。例如，将汉字简化为拼音或使用拼音来替代正规语法，虽然在网络交流中可以提高文字输入速度和交流效率，但这种表达方式可能会被视为语言能力不足或不够严谨。这种习惯性的使用，可能会影响到学生对标准语言的认识和掌握，从而降低其书面表达的准确性和表达力。网络语言中不规范的表达方式容易使学生形成错误的书面写作习惯。例如，在网络交流中经常会出现的错别字、语法错误或者不符合正式语言规范的表达，如果学生长期接触和习惯如此，可能就会影响其对正确书写和语言规范的理解。这种影响不仅限于语法和拼写错误，还可能涉及逻辑结构、信息组织等方面，影响学生学术论文或正式文档的质量与评价。

学校可以通过开设专门的写作课程或工作坊，重点培养学生的书面表达能力和语言规范意识。这些课程不仅可以帮助学生理解和掌握标准语言的书写规范，还能够教授有效的写作技巧和表达方式，提高其在学术和职业领域的表达能力。学校可以加强学生对网络语言使用的指导和管理。通过制定明确的网络行为准则和规范，教育学生在不同场合下正确使用网络语言，并明确网络语言与正式书面语言的区别。这种有区分的教育和指导，有助于学生在规范使用网络语言的同时，能够保持和提升其书面表达的规范性和专业性。同时教师在日常教学中的反馈和指导也是非常重要的。教师可以通过评阅学生的作业和论文，指出和纠正学生书面表达中可能存在的问题与错误，帮助他们逐步改进和提升语言表达能力。同时，教师还可以通过模拟写作任务和实际案例分析，培养学生面对不同写作需求时的应变能力和表达技巧。

2.学习习惯的改变

网络语言的快捷性和简化表达方式，与传统学术语言的复杂性和严谨性形成鲜明对比。例如，网络语言中常见的简写、拼音缩写以及表达不规范的习惯，使得学生习惯追求快速传达信息的方式，而忽视了语言学习中深入理解和准确表达的重要性。这种习惯可能会影响学生对语法、词汇和句法结构的认知和掌握，进而影响其在学术写作、论文撰写等正式场合的表达能力和学业成绩。同时网络语言的使用习惯也可能对学生的学习态度产生消极影响。由于网络语言强调的是即时性和趣味性，学生可能会习惯追求短期反馈和即时满足的学习方式，而忽视了长期积累和深入思考的重要性。例如，在学习过程中，学生可能会更倾向使用快速查找的方式获取信息，以减少对复杂概念和理论的深入探究，这种浅尝辄止的学习习惯可能会影响对其学术深度和批判性思维能力的培养。另外，网络语言的流行和普及也带来了学习习惯上的社交化特征。通过社交媒体、在线论坛等平台，学生可以与同龄人分享学习经验、获取学习资源，这种互动和交流将对学生的学习动机和学习方式产生深远影响。然而，如果学生过度依赖将网络社交平台作为其学习的主要途径，可能会导致他们在学习过程中更关注社交关系和外部认可，而忽视自主学习和独立思考的重要性。

学校可以通过开设专门的学术写作和语言规范课程，教授学生标准语言的使用规则和技巧，培养其在学术和职业场合中的表达能力与专业性。这些课程不仅可以帮助学生理解和掌握标准语言的严谨性与规范性要求，还能够提高其在学术领域的表达能力和学术成就感。学校可以鼓励和支持学生参与更多的学术研究与项目实践，通过实际操作和深入探索，培养学生的批判性思维和问题的解决能力。这种积极参与和实践经验的积累，有助于学生逐步建立其对学术深度和广度的认知，从而减少对网络语言快捷方式的依赖。同时教师在日常教学中的角色也至关重要。教师可以通过个性化的指导和反馈，帮助学生识别和纠正书面表达中可能存在的问题与错误，引导他们逐步改进和提升语言表达能力。同时，教师还可以通过激励和激发学生的学术兴趣，培养其自主学习和探索精神，从而建立起良好的学习态度和习惯。

（二）积极影响

1.激发学生对语言变化和创新的兴趣

网络语言以其独特的表达方式和丰富的词汇，展示了语言的灵活性和适应性。例如，网络上常见的词汇创新和表达方式如"996"（指每周工作时间为9：00到21：00，每周工作6天），"躺平"（指拒绝加班和过度劳累），这些词汇和表达方式不仅反映了现代社会中工作生活压力和态度的变化，同时也成为年轻人交流和表达观点的重要工具。通过这些创新的语言表达，学生不仅可以了解社会变迁背后的文化意义，还能够参与到语言创新的过程中，体验和探索语言在社会交流中的作用与影响。同时网络语言的多样性和变化速度也为学生提供了探索和学习的机会。随着技术的发展和文化的交流，网络语言不断吸收和融合各种语言元素，形成了独特的语言风格和社群特色。例如，社交媒体上流行的表情符号、短语梗等，不仅增加了交流的趣味性和表达的多样性，还促使学生对语言背后的文化、心理和社会因素进行深入思考与探索。这种参与和理解，不仅可以拓宽学生的文化视野，还激发了他们对语言变迁和创新的兴趣与热情。同时网络语言的创新和变化也反映了社会信息化和全球化进程中语言多样性的重要性。随着跨文化交流的增加，网络语言不仅局限于本地或特定文化群体，还融合了全球范围内的语言元素和文化表达方式。例如，流行的国际化表达如"FOMO"（恐错过）和"YOLO"（只活一次），展示了跨文化交流和语言创新在全球化背景下的重要性与影响力。这种全球性的语言互动和创新，为学生提供了更广阔的学习平台和跨文化交流的机会，促使他们更加积极地参与到语言变化和创新的探索中去。

学校可以通过开设语言学、语言变迁史或社会语言学等相关课程，引导学生深入了解语言发展的历史背景和文化意义，培养其对语言变化和创新的兴趣与理解。这些课程不仅可以帮助学生掌握专业知识，还能够激发其研究和探索语言现象的热情。学校可以鼓励学生参与语言研究和创新项目，并提供相关资源和支持，促使他们在实践中深化对语言变迁和创新的理解与实践能力。例如，组织语言创意比赛、撰写语言变迁分析论文等活动，可以帮助学生运用所学理论，探索和发展自己的语言创新观点与研究成果。同时教师在课堂教学中的角色也至关重要。教师可以通过案例分析、讨论和实例引导，帮助学生理解和分析网络语言的创新与变化，引发学生进行思考和讨论，从而培养他们对语言多样性和创新的兴趣与探索精神。

2.促进语言学习和探索

作为一种流行和广泛使用的交流方式，网络语言反映了社会和文化变迁中语言使用的新趋势与特点。例如，社交媒体和在线论坛上流行的词汇、表达方式与梗文化，不仅展示了语言的创新和变化，还反映出年轻一代在语言使用和表达方式上的偏好与习惯。通过了解这些网络语言现象，学生可以积极探索和分析语言背后的文化、心理和社会因素，加深其对语言发展和变化的认知。网络语言的使用促进了学生对多语言和跨文化交流的兴趣与理解。随着全球化进程的加速，语言的多样性和跨文化交流成为现代社会中不可或缺的部分。学生可以接触到来自不同文化背景和语言环境下的信息与观点，拓宽和丰富了他们的语言视野与文化认知。例如，学生在社交媒体上接触到的外语词汇、表达方式和文化梗，不仅可以帮助他们增加语言的应用能力，还能够增强其跨文化交流的能力和自信心。同时网络语言的普及也为学生提供了更为便捷和实时的语言学习平台与资源。通过参与在线讨论、观察网络文化和阅读社交媒体上的内容，学生可以不断接触到新的词汇、表达方式和语法结构，从而增加其语言学习的动力和效果。例如，通过模仿和运用网络语言中的表达方式与句型结构，学生能够提高自己的语言使用的灵活性和表达能力，加深对语言使用规范和技巧的理解。

　　学校可以通过开设语言学习和跨文化交流课程，引导学生深入理解和分析网络语言现象背后的文化与社会意义，培养其语言意识和跨文化交流能力。这些课程不仅可以帮助学生掌握语言学习的基础知识和技能，还能够激发其对语言变迁和文化交流的兴趣与热情。学校可以鼓励学生参与语言学习和跨文化交流的实践活动。例如，组织语言学习小组、语言交流沙龙或跨文化活动，为学生提供实践平台和交流机会，促使他们在实践中运用和体验语言学习的成果与乐趣。这种实践活动不仅能够增强学生的语言应用能力，还能够培养其合作意识和团队精神，提升其综合素质和竞争力。

第二节　网络语言与高职院校学生的社交行为

一、网络语言与高职院校学生社交关系的建立与维护

（一）增强归属感

　　通过使用共同的网络语言，学生能够迅速地找到归属感，并建立起更加紧密的关系。网络语言在高职院校的社交中起到了沟通的桥梁作用。例如，流行的缩略词和表情符号，如"LOL"（Laugh Out Loud）、"OMG"（Oh My God）以及各种表情包，已经成为学生在交流中的常用工具。这些词汇和符号不仅是简单的语言工具，还可以承载共同体的认同感和情感表达，使得学生能够更加直接和有效地交流，减少了沟通中存在的障碍，增加了彼此之间的理解和亲近感。

　　网络语言的使用促进了社交圈的形成和扩展。在虚拟社交平台上，学生通过使用特定的网络语言和文化符号，迅速找到志同道合的朋友群体。

例如，一些特定的论坛或社交 App 上会形成独特的网络语言社区，如游戏玩家群体中的"刷屏""666"等特定用语，这些词汇不仅是语言使用的工具，也是社交群体认同的象征，能够帮助学生们更加快速地融入社区中，找到属于自己的位置。同时网络语言的流行也推动了文化的共享和交流。随着信息技术的发展，来自不同地区、不同背景的学生可以通过互联网平台上的共享文化和网络语言，了解彼此的生活方式、兴趣爱好，促进了跨文化的交流和理解。例如，通过分享自己的生活趣事或使用特定的网络流行语，学生能够突破传统的地域和文化障碍，建立起全新的社交网络，从而丰富彼此的生活体验和社交圈。

（二）维持联系

在高职院校学生的日常生活中，即时通信工具和网络语言的广泛应用已经成为保持社交联系不可或缺的一部分。这些工具不仅简化了沟通的过程，还使得学生能够轻松地突破时间和空间的限制，与朋友和同学保持密切联系。即时通信工具如微信、QQ 等，以及社交媒体平台如微博、Instagram 等，为学生提供了多样化的交流渠道。通过这些工具，学生可以随时随地与朋友进行文字聊天、语音通话甚至视频交流，无需受到地理位置的限制。例如，即使是放假回到各自家乡的学生，依然可以通过这些工具保持他们之间日常的互动和交流，分享生活中的喜怒哀乐，保持彼此的情感联系和友谊。

网络语言在这些即时通信工具中的广泛应用，进一步丰富了学生的交流方式和体验。例如，使用表情符号、缩略语和流行词汇，如"哈哈哈""666"等，不仅能够快速表达情感和态度，还能增添交流的趣味性和亲和力。这些网络语言的使用不仅是为了简化沟通环节，也是一种群体认同和互动的象征，有助于加深朋友之间的情感联系，拉近彼此之间的距离。同时即时通信工具还可以为学生提供了群聊、社群等功能，进一步促进了社交圈的形成和扩展。在这些群组中,学生可以基于共同的兴趣爱好或学习任务,进行更深入的交流和合作。例如,课程作业的讨论群、社团活动的组织群等,可以通过即时通信工具的便利性,使得学生能够更加紧密地协作和互动,增强团队的合作能力和社交技巧。

二、网络语言与高职院校学生社交行为的模式和特点

(一)非正式交流

网络语言的非正式特点为学生在网络平台上的交流增添了一份轻松和自由。这种非正式语言的使用不仅是简单的语言风格选择,也是一种表达个性和融入社交群体的方式,让学生能够在轻松愉快的氛围中畅所欲言。

非正式交流的特点可以体现在语言使用的简洁和直接性上。学生通常倾向使用简短而直接的语言表达自己的想法和情感。这种直截了当的交流方式,不仅能够减少交流者之间的误解和沟通障碍,还能使得交流更加高效和即时。例如,使用表情符号或简短的评论即可表达出交流者对某件事情的态度或情感,而不需要过多的文字描述,节省了时间和精力。同时网络语言的非正式特点还促进了学生在虚拟社交平台上形成更加紧密的社交关系。在这些平台上,学生可以通过使用共同的网络语言和梗,能够迅速建立起互动和产生共鸣。这种非正式的交流方式使得交流者之间的距离感大大降低,增强了社交圈的凝聚力和亲密度,为友谊的建立和维护提供了良好的平台。

(二)创意与幽默

在高职院校学生的社交圈中,网络语言的多样性和创造性为他们的交流增添了丰富的幽默感与创意,使得社交互动不再局限于传统的语言表达方式,而是充满了趣味和独特性。网络语言的多样性体现在其丰富的词汇和表达方式上。学生在社交平台上经常使用各种缩略语、表情符号和流行

词汇，这些词汇不仅能够简洁地表达情感和态度，还因其独特的形式和广泛的共识性而增添了交流的趣味性与幽默感。例如，通过巧妙地运用表情包和梗，学生能够在交流中引发笑声和产生共鸣，轻松地营造出愉快的社交氛围。

网络语言的创造性使得学生能够在平凡的日常交流中展现出独特的个性和创意。在网络文化的影响下，学生创造了许多新颖的词汇和语言玩法，如"土味情话""狗粮""暗黑系"等，这些词汇和概念不仅可以扩展交流的表达方式，还会因其独特性和创新性而引发广泛的关注与讨论。通过这些创意的语言玩法，学生不仅可以展示出自己的文化素养和创造力，还可以加深彼此之间的理解和互动。同时网络语言的丰富性和创意性也推动了社交互动的深度和广度。学生可以通过分享创意梗和趣味段子，快速扩展自己的社交圈，并与更多志同道合的人建立起深厚的友谊和互动关系。例如，一些具有代表性的网络热词和段子往往会在短时间内迅速传播开来，成为大家共同关注和讨论的话题，进而可以进一步促进社交互动的趣味性和活跃度。

三、网络语言与高职院校学生社交行为面临的挑战

（一）误解与冲突

网络语言以其简洁性和非标准化而著称，然而，这些特质在高职院校学生的社交行为中有时也会引起误解和冲突。尽管网络语言的使用可以丰富交流的方式，增添交流的趣味性，但其模糊性和多义性也常常会导致出现沟通中的误解，甚至引发矛盾。网络语言的简洁性有时会使信息传递变得模糊不清。学生在使用网络语言时，往往追求简洁和快速，如用"2333"表示大笑，用"666"表示赞叹。然而，这些简洁的表达方式在不同的语境下可能会被误解。例如，一个人发出"2333"可能只是表示轻松愉快，

但接收者如果不了解这一用法，可能就会误以为对方在嘲笑自己，从而引发不必要的误解和不快。同时网络语言的非标准化也使得不同文化背景的学生之间容易产生误解。许多词汇和表情符号具有多重含义和语境依赖性。例如，某些表情符号在不同文化背景下可能会有不同的解释。一些表情在某些文化中被认为是友好的，而在其他文化中可能被视为冒犯。此外，不同地区和群体之间的网络语言习惯也有所不同，同一个词汇在不同的群体中可能有完全不同的含义。这种非标准化的特质容易导致不同的人在跨文化交流中产生误解和冲突。

网络语言的使用缺乏语音和表情的辅助，使得情感表达更加困难。人们可以通过语音语调和面部表情来辅助表达自己的情感与意图，而在网络交流中，这些辅助表达方式的缺失使得情感传递变得更加困难。例如，一个简单的"嗯"字在面对面交流中可能通过不同的语调表达出不同的情感，而在文字交流中却可能被误解为冷漠或敷衍，从而引发不必要的误会和争执。同时网络语言的流行语和梗的使用也可能导致产生误解和冲突。流行语和梗往往具有时效性和特定的文化背景，如果接收者不了解其背景和含义，就可能误解说话人的意图。例如，一些网络梗可能在特定群体中非常流行，但对不熟悉这些梗的人来说，可能会觉得莫名其妙甚至冒犯。

（二）信息传递的准确性

网络语言的简洁性使得传播的细节信息容易被忽略。在追求快速和高效的交流过程中，学生们倾向使用简短的词汇和缩略语。这种表达方式虽然便于快速传递基本信息，但在面对需要详细解释或复杂说明的情况时，就会显得不足。例如，在讨论课程作业或学术项目时，简单的"OK"或"收到"无法传达出对项目具体的理解和下一步的行动计划，从而可能导致任务执行过程中产生偏差和误解。特别是在团队合作中，信息传递的不准确可能会影响整个团队的工作效率和成果质量。网络语言中的幽默和隐喻成分可以增加信息理解的难度。学生在交流中常常使用幽默的表达方式和网络梗，以增加互动的趣味性和亲密感。然而，这种表达方式在传递准确信息时可能会带来困扰。例如，某些网络梗和幽默语言可能具有多层含义，接收者如果对这些梗不熟悉或理解不到位，就可能会产生误解，甚至导致出现错误行动。例如，一句"你真牛"在某些情境下可能表示赞美，但在其他情境下可能表示讽刺意味。如果不清楚上下文或对方的意图，就容易引发误会和不必要的矛盾。

网络语言的随意性和非标准化会影响信息传递的准确性。不同的学生群体可能对同一网络词汇或表达方式有不同的理解，这种差异在跨文化或跨区域交流中尤为明显。例如，同一个表情符号在不同文化背景下可能有完全不同的解读。又如，使用某些网络流行语虽然在一个群体中被广泛接受，但在另一个群体中却可能被误解为不礼貌或冒犯。这样的差异使得信息传递的准确性大打折扣，甚至可能引发跨文化交流中的冲突和误解。同时网络语言在书面交流中的情感和语气表达也存在不足。当面对面交流时，人们可以通过语气、语调和表情来传递丰富的情感信息，而这些在网络语言中难以准确传达。例如，一个简单的"好的"在面对面交流中可以通过语调表达出不同的情感，但在文字交流中，接收者可能无法准确理解发送者的真实情感和态度，从而导致在沟通中产生误解和情感偏差。

四、高职院校学生使用网络语言对其社会认同的影响

（一）群体认同

学生通过使用特定的网络语言，可以与特定的社交群体建立起深厚的认同感，从而形成独特的群体文化。这种群体认同感不仅可以增强学生的社会归属感，还可以提升他们的集体荣誉感。网络语言作为一种文化符号，能够快速拉近学生之间的距离。学生通过使用共同的网络词汇和表达

方式，如"哈哈哈""2333""666"等，能够迅速识别出对方的文化背景和兴趣爱好。这些网络语言不仅简洁明了，而且充满趣味和幽默感，能够在轻松愉快的氛围中促进学生之间的互动。例如，当一名学生在群聊中使用某个流行的网络梗时，可以与其他熟悉这个梗的学生产生共鸣，他们可以展开一系列互动和讨论。这种互动过程不仅可以加深彼此的了解，还增强了群体的凝聚力。

网络语言在特定社交群体中的使用，可以帮助学生形成独特的群体文化。每个群体都有其独特的网络语言和表达方式，这些语言和表达方式不仅是交流的工具，也是群体认同的象征。例如，在游戏玩家群体中，"大神""开黑"等词汇被频繁使用，而在二次元文化群体中，"宅男""萌"等词汇则更为常见。这些特定的网络语言不仅体现了群体成员的共同兴趣和爱好，还成为群体文化的重要组成部分。通过使用这些网络语言，学生能够更加深入地融入群体文化，增强对群体的认同感和归属感。群体认同感的增强有助于提升学生的社会归属感和集体荣誉感。在高职院校的校园生活中，学生往往会加入各种社团和兴趣小组，通过参与这些组织的活动，学生不仅能够结识志同道合的朋友，还能在共同的兴趣和目标中找到自己的位置。例如，在动漫社团中，学生通过讨论最新的动漫作品、分享自己创作的作品等活动，形成紧密的社交网络。这些活动不仅可以丰富学生的课余生活，还可以增强他们的社会归属感和集体荣誉感，使他们感受到自己是群体的一部分，拥有共同的目标和荣誉。

（二）个体认同

网络语言的多样性和创造性为学生提供了丰富的表达工具，使他们能够更加自由地展示个性。例如，学生在网络聊天中使用的表情符号、缩略词和流行语，不仅能够简洁明了地传达情感和态度，还因其独特性和趣味性，成为展示个性的方式。通过选择和创造特定的网络语言，学生能够凸显自己的幽默感、创意和独特的语言风格，从而在同龄人中脱颖而出。例如，一个学生如果擅长运用网络流行语和梗，并能够巧妙地将其融入日常交流中，就会被同伴视为有趣和有创意的人，进而增强其在社交中的影响力。网络语言的使用可以帮助学生建立和展示个人品牌。在现代社交媒体平台上，学生通过发布状态、分享观点和参与讨论，展示自己的兴趣、观点和价值观。例如，在微博、微信朋友圈等平台上，学生通过使用特定的网络语言和表达方式，传达自己的个性和态度，从而吸引志同道合的朋友和关注者。这种个人品牌的建立不仅有助于增强学生的社交影响力，还能为他们在未来的职业生涯中打下基础。例如，一个擅长使用网络语言进行幽默表达和观点分享的学生，可能会吸引大量的粉丝和关注，从而在社交媒体上建立起自己的品牌形象，进而为未来的职业发展创造更多机会。

网络语言的使用可以帮助学生在特定社交群体中找到自己的位置，增强个体认同感。例如，在游戏玩家、动漫爱好者等特定社群中，学生通过使用共同的网络语言和术语，如"开黑""萌"等，展示自己对该领域的熟悉和喜爱，从而迅速融入群体，找到自己的社交位置。这种个体认同感的增强不仅有助于学生在社交中建立自信，还能促进他们在特定领域的深入探索和发展。例如，一个在动漫社团中积极使用网络语言和梗的学生，不仅能够迅速结交到志同道合的朋友，还能通过参与社团活动和分享作品，展示自己的创意和才华，进而增强其在该领域的影响力和认同感。

第三节　网络语言对高职院校学生心理的影响及对策

近年来，随着互联网信息技术飞速发展，大学生作为与网络接触最为频繁的群体之一，往往会受到互联网信息技术的影响，部分大学生在不良网络信息的侵蚀下出现不良心理状态，将对其成长成才产生消极影响。所以在针对高职院校大学生开展心理健康教育的过程中，要注意全方位把握其心理动态变化情况，并结合网络语言对其产生的影响进行分析，提出合理化的改进措施，确保能对其实施积极有效的心理引导和心理疏导，使他们在学习和未来工作中能始终保持积极的心理状态。

一、当前高职院校学生接触的网络语言类型

网络语言分类相对复杂，网络语言的广泛传播将对大学生的心理健康状态产生直接的影响。对高职院校学生所能够接触到的网络语言类别进行划分，主要涉及以下类型：

（一）缩略词

缩略词的应用已经成为学生在日常交流中的常见现象。这些缩略词不仅仅是简化表达的工具，也是一种文化现象和社交符号，学生能够通过简单的语言表示复杂的思想和情感，成为互联网时代沟通的特色之一。网络语言中的缩略词可以分为多种形式。其中，一种常见的形式是使用汉语拼音进行缩写。例如，"城会玩"即是对"你们城里人真会玩"的缩写，通过简化和拼音化的方式，可以快速地表达出一种羡慕或认同的情感。这种方式不仅可以节省表达的时间和空间，还能够增强语言的生动性和直接性，使得沟通更加高效和生动。

另一种形式是使用英语短语进行缩写。在网络和社交媒体上，诸如"LOL"（Laughing Out Loud）、"BRB"（Be Right Back）等缩写词已经成为日常交流的一部分。这些缩写词不仅简洁明了，还具有一定的时尚感和国际化，跨越了语言和文化的界限，被学生广泛接受和使用。还有一些涉及部分汉语言文字方面的缩写，如"GG"常用于表示"哥哥"，而在游戏中常用来表示"Good Game"。这些缩写词往往具有多重含义和用法，需要根

据上下文来理解和解释，展示出网络语言的多样性和灵活性。网络语言中缩略词的应用不仅是语言形式的变革，也体现出社交和文化的深刻变化。在快节奏和信息爆炸的当代社会，人们更倾向使用简短、直接的语言形式进行交流，以迅速传递和获取信息。这种简化的语言表达不仅可以提升沟通的效率，还可以促进互联网文化的形成和传播。然而，网络语言中的缩略词使用也需要注意适度和准确性。过度的缩写可能导致交流对象在理解上的困难或误解，尤其是对不熟悉网络语言的人群。因此，学生在使用缩略词时，需要考虑到交流对象的背景和理解能力，确保信息传达的清晰和准确。

（二）谐音词

谐音词不仅能够通过幽默的方式表达观点和情感，还能够增强网络语言的生动性和形象性，使得沟通更加有趣和多样化。谐音词的应用在网络交流中常常用来体现幽默和趣味感。例如，"小公举"就是对"小公主"的谐音，通过类似的发音并稍作变动，可以赋予原本的词语新的戏谑和亲切感。这种方式不仅使得表达更加生动和富有情趣，还能够在交流中增加一种轻松和愉悦的氛围，促进彼此之间的交流和理解。谐音词的应用涵盖了多个方面的内容和主题。例如，"歪果仁"是对"外国人"的谐音称呼，兼具了对外国人的形象化表述和轻松幽默的语言风格。这种称呼不仅简洁明了，还能够在跨文化交流中打破语言和文化的障碍，促进不同群体之间的互动和理解。

谐音词的应用体现出网络语言的创新和个性化。网络语言中谐音词的运用，不仅是语言表达形式的变化，也是文化和社会交流方式的一种演变与创新。通过谐音词的巧妙运用，人们能够以更加富有创意和个性化的方式表达自己的思想与情感，使得沟通和交流更加生动和多样化。同时，谐音词的应用也需要注意适度和语境。过度的使用或者不当应用都可能会导致交流对象在理解上产生混淆或误解，尤其是在跨文化或专业领域的交流中。因此，在使用谐音词时，学生需要根据具体情况和交流对象的背景进行恰当选择与应用，确保信息的准确传达和有效沟通。

二、网络语言对高职院校学生心理健康教育的消极影响

网络语言对高职生心理健康的影响可以从多角度得到体现。在研究实践中，高校要重点结合消极影响进行分析，明确当前高职院校学生心理健康教育方面存在的问题，为心理健康教育改革工作的深入推进提供的支持。其一，学生出现认知障碍。在网络语言的应用中，大量文字语言、图片语言和视频语言等信息的传播，会对学生的感知觉造成巨大的冲击，并且网络语言中不健康的因素会对学生的自我价值观产生影响，导致学生出现自我认知障碍方面的问题。其二，情感情绪方面的问题。高职院校学生尚未真正融入社会生活中，分辨问题的能力有限，他们在接触网络虚拟社会的过程中，不良的网络语言可能会影响学生的情绪体验，甚至造成学生在虚拟网络中无节制使用这些网络语言宣泄自己的情绪，不仅不利于学生身心健康成长，也会对高职院校学生心理健康教育工作的开展造成巨大的冲击。其三，对学生在意志品质方面的不良影响。在网络语言环境中，缺乏对学生的有效约束，导致学生在长时间适应无节制虚拟社会生活后，无法回归现实社会，进而会对学生的意志品质和心理健康造成巨大的冲击。因此要客观认识网络语言的应用对高职院校学生心理健康教育产生的消极影响，并以此为基础制定相应的教育改革措施，对其实施科学的心理健康教育指导，维护其全面发展。

三、网络语言背景下高职院校学生心理健康教育对策

在对网络语言消极影响形成客观认识的基础上，新时期要结合具体的

情况对高职院校学生心理健康教育工作进行调整，突出教育更具针对性，为其学习和成长提供支持。

（一）动态监控网络流行语，把握学生心理变化

"凤凰男"一词最初用来指"出身贫寒但通过自己的努力和才华在城市中取得成功并留在城市生活的男性"。这个词汇包括社会流动性和个人奋斗精神的象征，描绘出一种通过努力实现社会上升的梦想。然而，"凤凰男"这个词汇往往带有一定的讽刺色彩。例如，当"凤凰男"的妻子和其父母发生争执时，他可能会无条件地站在自己父母一边，忽略妻子的立场和感受，暗示了他在家庭关系中的复杂处境和矛盾。这种词汇不仅仅描述了社会现象，还反映出人们对社会结构和人际关系的思考与讽刺。这些新创词汇的应用不仅在于丰富和拓展了语言表达的方式，也反映出当代社会和文化变迁的特点与趋势。通过创造新词汇并赋予其特定的社会意义和象征，人们能够更加准确和生动地表达复杂的思想与情感，促进了社会语言和文化的多样化和发展。然而，需要注意的是，这些新创词汇的理解和应用往往依赖特定的社会背景与文化语境。不同的人可能对同一个词有不同的理解和解释，因此在使用和传播时需要考虑到受众的多样性与理解能力，避免造成信息的误解或歧义。

（二）正确应用网络语言，提高网络素养

网络语言的流行和变化反映了社会文化的动态变化与青年群体的心理状态。青年学生作为网络语言的主要使用者，他们对网络流行语的接纳和使用往往直接影响着他们的思维方式、社交行为以及心理健康状态。例如，某些网络流行语可能带有负面情绪或者歧视性内容，如果学生过度接触或者误解其含义，可能就会对其心理产生负面影响。因此，通过对网络流行语的动态监控，可以及时发现并分析学生可能面临的心理健康问题，为进行有针对性的心理健康教育提供科学依据。

客观界定大学生的思想和心理动态变化至关重要。大学生处于成长和发展的关键阶段，他们面临着学业压力、人际关系挑战、职业发展不确定性等多重压力因素。网络语言作为情感表达和社交交流的重要工具，可以反映出学生对这些压力因素的态度和应对方式。通过分析网络语言的使用情况和变化趋势，可以深入了解学生的情绪波动、心理调适能力及其对社会现实的适应度，有助于及时发现和干预其潜在的心理健康问题。在实施心理健康教育时，需要结合网络流行语的实际情况，设计并推广相关的心理健康教育内容和活动。这些内容和活动应当具有针对性和实效性，能够吸引学生的参与和关注，提升他们对心理健康问题的认知和应对能力。例如，可以利用流行的网络语言表达方式，设计有趣的心理健康知识宣传活动；或者通过网络语言中的积极表达和支持性话语，强化学生之间的互助和支持网络，提升心理健康的群体效应。同时心理健康教育的实施还需要教师和辅导员的专业指导和支持。教师和辅导员应当及时更新对网络语言的了解和认识，不断调整和优化教育策略，以应对快速变化的网络文化和学生心理健康需求。通过教师的指导和引导，学生能够更好地理解和应用网络语言，避免其对学生的心理健康产生负面影响，同时培养他们健康的网络语言使用习惯。

（三）构建学生交流平台，畅通诉求渠道

在大学生接触网络语言的过程中，他们常常面临一定的困惑和语言表达方面的障碍。面对这一挑战，开展心理健康教育的实践探索活动可以采取一系列有效的策略，其中包括构建大学生学习和交流平台，引导学生结合网络语言的应用进行沟通和交流，从而促进他们的语言规范性和心理健康发展。构建大学生学习和交流平台是推动大学生心理健康教育的重要途径之一。通过建立专门的网络平台或者利用现有的社交媒体平台，学生可以自由地表达自己的观点和情感，使用他们熟悉和喜爱的网络语言。这种

平台不仅为学生提供了一个开放和包容的交流空间，还能够帮助他们逐步理解和掌握网络语言的适用场景与表达方式。

引导大学生结合网络语言的应用进行沟通和交流是教育实践中的关键步骤。教师和辅导员可以组织课堂讨论、小组活动或者线上论坛，鼓励学生运用网络语言参与讨论和交流。教育者可以通过观察和引导，了解学生对网络语言的理解和应用情况，及时进行指导和疏导，帮助他们应用规范的网络语言表达，提升沟通效果和表达清晰度。针对学生使用网络语言时可能出现的困惑和障碍，实施有效疏导尤为重要。疏导不仅是指纠正语言表达中的错误或不当使用，更重要的是通过教育和引导，让学生意识到语言的力量和影响，进而培养他们的语言应用规范意识和责任感。例如，对网络流行语中存在的敏感话题或者负面表达，教育者可以通过教育活动和案例分析，引导学生正确理解和使用，避免意思误解或冲突的发生，进而促进良好的沟通和社交关系。同时通过对网络语言使用的规范化教育，还可以为大学生实施潜移默化的心理疏导创造条件。网络语言作为一种特殊的语言形式，其影响力和传播速度远超过传统的书面语言。因此，通过规范和引导学生在网络语言中的表达方式和态度，不仅有助于提升他们的语言修养和社交技能，还能够培养他们的自我认知和情感管理能力，进而促进心理健康的全面发展。

在高职院校开展人才培养工作的过程中，高校要正确认识和定位网络语言对大学生心理健康教育的影响，能在心理健康教育改革实践中结合网络语言的影响情况进行深入系统的分析，进而制订更加科学合理的大学生心理健康教育方案，按照学生的心理情况对学生实施科学的心理辅导，使学生能积极乐观面对学习和生活，进而发展成为能服务区域建设和社会经济发展的人才。

第四节　网络语言对高职院校学生人际关系的影响

一、网络语言与高职院校学生交流方式的变化

（一）丰富的表达方式

表情符号在学生交流中起到了不可替代的作用。通过使用表情符号，学生能够直观地传达复杂的情感和态度。例如，微笑的表情符号可以表示友好和愉快，流泪的表情符号可以传达悲伤或感动。这些符号的使用不仅使文字交流方式更加丰富，还能弥补文字内容表达的不足，让情感传递更加准确。例如，当学生在群聊中讨论一个问题时，一个"加油"配上表情符号，不仅可以表达鼓励，还可以增加一份幽默和轻松的氛围。这种直观而富有情感的表达方式，有助于学生更好地理解彼此要表达的意思，以减少误解和矛盾。GIF动画的使用让交流更加生动和趣味横生。GIF动画是一种短小精悍的动态图片，能够通过简单的动画传递出丰富的信息和情感。例如，当学生在聊天中提到一个搞笑的事件时，发送一个对应的搞笑GIF可以瞬间点燃交流者的热情，增强互动的趣味性。这种生动的表现形式不仅能够让信息传递更加生动，还能有效地吸引交流方的注意力，增加互动的频率和质量。在社交平台上，学生通过分享和评论GIF动画，不仅可以增进彼此的理解和共鸣，还可以加深彼此的友谊和情感联系。

其他多媒体元素如图片、视频和语音消息极大地丰富了学生的表达方式。例如，通过分享生活中的照片和视频，学生能够让彼此更直观地了解自己的生活和兴趣，从而拉近彼此的距离。语音消息则为文字交流增添了语调和情感的维度，使得信息传递更加生动和立体。例如，当学生在讨论一个复杂的话题时，通过语音消息能够更清晰地表达其观点和情感，避免在文字交流中可能出现的误解和信息丢失。这些丰富的表达方式不仅可以

增强交流的趣味性和生动性，还可以对学生的人际关系产生积极的影响。通过表情符号、GIF和其他多媒体元素，学生能够更好地表达和理解彼此的情感与态度，促进了人际关系的和谐和稳定。例如，在一个学习小组中，通过这些丰富的表达方式，成员能够更好地协作和沟通，提升学习效率和成果。同时，在日常社交中，这些表达方式也可以增强学生的社交技能和情感，让他们能够更自信和灵活地应对各种社交场景。然而，值得注意的是，虽然表情符号、GIF和多媒体元素丰富了表达方式，但也应适度使用，避免过度依赖。过度依赖这些工具可能导致表达的简化和肤浅，甚至影响到学生深层次的情感交流和理解。因此，学生在使用这些表达方式时，既要充分利用其优势，又要避免因过度使用而带来的负面影响。

（二）语境依赖性

网络语言的语境依赖性使学生在理解和使用方面需要特定的背景知识与文化认同。在特定的社交圈中，学生可以通过使用特定的网络词汇和表达方式，如"2333"（表示大笑）、"666"（表示赞叹）等，达到起共同的理解和默契。然而，这些词汇和表达方式在圈外人士看来可能是莫名其妙或难以理解的。例如，一个不熟悉这些网络语言的学生听到"666"时，可能会完全无法理解其含义，从而感到困惑甚至被排斥。这种文化壁垒不仅阻碍了信息的有效传递，还可能导致产生误解和不必要的矛盾。同时网络语言在不同社交圈中的使用差异也会加剧沟通障碍。例如，游戏玩家群体、二次元文化爱好者和科技迷等不同的兴趣群体，往往有自己独特的网络语言和表达方式。在游戏玩家中，"挂机"（离开游戏但角色仍在）是常见用语，而在二次元文化爱好者中，对"萌"（可爱）和"宅男"（喜欢宅在家中的人）的使用则更为普遍。当这些不同圈子的学生进行跨圈交流时，如果缺乏对彼此语言和文化的理解，就很容易出现沟通不畅和误解。例如，一个二次元文化爱好者在与游戏玩家讨论时，如果频繁使用二次元术语，可能就会让游戏玩家感到困惑，甚至产生隔阂。

网络语言的圈内文化特征可能会导致学生在不同社交场合中的自我表达受限。在熟悉的圈子中，学生使用特定的网络语言能够自如地表达自我和情感，而在陌生或正式的场合中，过度依赖这些语言可能会显得不合时宜。例如，在求职面试或学术交流中，过度使用网络语言可能会被视为不专业或不严肃，从而影响个人形象和机会。学生需要在不同场合中灵活调整自己的语言表达方式，以适应不同的沟通需求和文化背景。然而，尽管网络语言的语境依赖性和圈内文化特征可能带来沟通障碍，它们也提供了增进跨圈交流和文化理解的契机。通过积极参与不同社交圈子的活动和交流，学生可以拓宽自己的文化视野和语言技能，增强对不同文化和语言的理解和包容。例如，通过加入多元化的社团和兴趣小组，学生可以接触到不同的网络语言和文化背景，应学会在不同的语境中灵活应用语言，加强沟通效果和人际关系。

二、网络语言对高职院校学生社交圈的影响

（一）扩展社交圈

随着网络语言的普及和即时通信工具的发展，高职院校学生如今能够更方便地与来自不同地区和国家的朋友建立联系。这种便利性不仅扩展了他们的社交圈，还深刻影响了他们的人际关系及社交行为。网络语言的普及极大地简化了跨地区和跨国家交流的环节。通过使用共同理解的网络词汇和表达方式，例如，表情符号、简化的英语缩写（如 LOL、BRB 等）、流行的网络词汇（如"赞""666"等），学生能够在与不同地区和国家的人士交流时更快速地建立共鸣和友谊。这种快速建立联系的能力，促使他们积极地探索和了解不同文化背景下的新朋友，拓展他们的社交圈，使之更加多样化和包容性。网络语言的使用为学生提供了一个更广阔的社交平

台，使他们能够参与到跨地区和跨国家的社交活动中。通过各种社交媒体平台和在线社群，学生可以轻松地加入有着共同兴趣爱好的群体中，与来自世界各地的人交流和分享。例如，一个对特定游戏或文化感兴趣的学生，可以通过网络语言和社交平台，与全球范围内的游戏爱好者或文化迷建立联系，共同探讨并深入了解彼此的兴趣和观点。

网络语言的使用促进了人们的跨文化理解和友好交流。通过与来自不同国家和地区的朋友交流，学生能够更直观地了解和体验其他文化的特点和习俗，增进对多元文化的理解和包容性。例如，一个中国学生通过与美国、澳大利亚或欧洲的人交流，不仅能够学习到外语和地方特色的网络用语，还能够了解到不同国家的日常生活、教育制度以及文化传统，从而拓宽自己的视野和认知范围。然而，尽管网络语言可以扩展学生的社交圈和增加跨文化交流的机会，但也面临着一些挑战和注意事项。例如，跨文化交流中可能存在的语言障碍、文化差异和误解，需要学生具备足够的文化敏感度和跨文化沟通能力，以避免产生不必要的冲突和误解。此外，虽然网络语言能够快速建立起表面上的友谊和联系，但如要建立真正深入的、持久的人际关系往往还需要更多的面对面交流和时间的积累。

（二）形成小圈子

特定的网络语言和流行语在学生群体中的广泛使用，促成了一种特定的社交文化。例如，某些特定的网络词汇、缩写和表情符号在特定的社交群体中广泛传播和应用，成为他们交流的一部分。这些语言符号不仅可以简化沟通环节，还可以在不知不觉中构建一种共同的文化认同。在这种文化的框架下，使用相同网络语言的人更容易产生共鸣和归属感，因为他们能够理解彼此的语言代码，从而形成紧密的社交关系。这种小圈子文化可能导致对不使用这些语言人的排斥或边缘化。在某些社交群体中，如果一个人不熟悉或不善于使用特定的网络语言，可能就会感到难以融入群体，甚至遭遇排斥现象。这种情况不仅会影响到个体在社交圈中的舒适度和归属感，也可能限制信息的获取和社交机会的增加。例如，如果一个新来的学生不了解或不习惯使用特定的网络流行语，他可能就会在交流中感到孤立或被忽视，从而影响到他在学校社交中的整体体验和发展。

特定的网络语言和流行语可以为学生提供一种表达个性和创意的平台。在这些语言的框架下，学生可以创造和分享新的词汇，展示自己的幽默感和创造力。例如，通过在社交媒体上发布搞笑的图片或使用独特的网络流行语，学生不仅能够吸引更多的关注和互动，还能够建立起与他人共享的独特语言和文化标识，进一步强化社交圈中的凝聚力和归属感。然而，尽管网络语言和流行语有助于加强社交圈的凝聚力与认同感，但也需注意其可能带来的负面影响和挑战。例如，过度沉浸在特定的网络文化中可能导致学生在面对面交流时的交流能力减弱，以及对其他文化和观点的包容性降低。教育者和社交平台管理者应该积极引导学生既能够享受使用网络语言带来的社交便利和乐趣，也能够避免因此而产生的排他性和社交隔阂。

第七章
网络语言的传播

第一节　新媒体与网络语言的传播

近年来，互联网发展迅速。截至2023年6月，我国网民人数为10.79亿人，互联网普及率76.4%。作为网络文化载体的网络语言，越来越引起大众的关注。例如，"汉语盘点"活动、《咬文嚼字》编辑部、《语言文字周报》编辑部、商务印书馆等机构发布的年度新词语、网络流行语等，不仅在社交媒体、论坛和社区等平台上广泛传播，还影响了人们的信息交流和表达方式。网络语言的传播与新媒体的发展关系密切，微博、微信、抖音等新媒体平台为大众提供了广泛的交流空间，促使网络语言迅速传播和普及。网络语言在融入人们的生活、推动汉语发展的同时，也对语言使用的文明和规范造成了巨大冲击。

一、新媒体语境下网络语言的类型

网络语言是传统语言的变体，是一种新的特定的社会语言。从语义角度看，网络语言主要包括：计算机和网络技术方面的专业术语，与网络文化现象或网络交际相关的词语。与互联网时代初期的网络语言相比，新媒体语境下网络语言发生了相应的变化。从产生途径角度，可分为以下六类。

（一）新造词语

随着社会的发展和互联网技术的进步，大众接触到的各种网络信息及网络文化现象，也随之产生了一些新词汇。这些新造词语在汉语词汇系统中属于全新的、以前没有的词，分布在政治、经济、科技、文化等各个领域，影响着大众的物质及精神生活。例如，"互联网＋"体现出互联网技术与传统产业的深度融合，"元宇宙"代表了虚拟现实技术的最新发展成果。

（二）旧词新义

旧词新义是指词语原本就存在于现代汉语词汇系统中，但在网络语言中被赋予新的含义。其中有的词通过比喻形成新的含义，如已知的、大概率可能发生的风险常被称为"灰犀牛"；"黑天鹅"比喻事件概率小、危害大，可以带来超出人们认知范畴的风险；"大白象"指经常被有意或无意回避，大而不易察觉的潜在风险。有的词义扩大或者感情色彩发生变化。B站弹幕流行词"优雅"等也被赋予了新的含义。"破防"的本义指防御被突破，但这一词语在不同的网络场景中，逐渐衍生出"心理防线被突破""被感动到""有共鸣"等新的含义。"优雅"的本义是优美、高雅，多用于赞美社会中高阶层或者文化水平高的人群具有一定的文化品位与礼仪风度。在新媒体语境下，优雅更强调一种普通人对生活的态度，用来称赞某人因拥有强大的内心或过硬的本领，无论在什么境况下都能处变不惊，并保持从容稳健的状态。

（三）源自方言词

方言词语是网络语言产生的途径之一。汉语方言复杂，分布范围广泛，网络传播打破了地域之间的限制，很多原属于某方言区的词语，因为网络直播或综艺节目的迅速流行，逐渐引起大众的关注，被大众接受并使用。"忽悠""老铁"源自东北方言；"山寨""炒鱿鱼"等来自粤语，"蓝瘦香菇""尬"等词跟闽南语有关。网络流行语"怼"存在于东北、西北、河南等多个方言体系中。网络语言中的方言词丰富了语言的表达形式及内涵，不仅推动了网络文化的发展，也反映出人们追求个性、调侃讽刺、减压释压等心理。

（四）仿造新词语

仿造是以某一词语为基础，通过类推的形式产生的新词语。仿造的形式包括格式仿、谐音仿。格式仿通过形式的复制形成新词语。随着社交媒体的兴起，观看短视频占据了人们尤其是年轻人的闲暇时间，他们在吃饭时间经常观看一些特定种类的视频，这些视频像榨菜一样下饭，因此被形象地称为"电子榨菜"。在现代汉语词汇中原本就有电子邮件、电子游戏等词，在网络上也流行着电子木鱼、电子烧香等词，这些词在结构上是相同的。黄晓明在综艺节目《中餐厅》里霸道总裁式的语言，引起了网友的效仿，称其霸气的话语为"明言明语"，由此产生了一系列以"X言X语"为固定结构的网络新词，如茶言茶语等。

（五）源自外来词

网络语言中有一部分词源自韩语、日语、英语等。例如，屋里、欧巴是由韩语音译形成的；玛丽苏、萝莉、爱豆、粉等来源自英语。还有一些字母词直接借用外语词或者词语缩写，但意义有所变化。例如，"diss"意为攻击；"back"指没人气、没流量、没资源的爱豆。

（六）源自热点事件

某些网络词语的产生及流行，跟一定的热点事件密切相关。这些热点事件在新媒体平台迅速传播，各种媒体在报道这些社会热点时为了博取大众关注，常常会引用相关词语，媒体的助推更加扩大了社会热点的影响，演变为网络热词。刘畊宏线上进行的《本草纲目》版毽子操、马甲线教程等健身操直播，加上他碎碎念式的花样打气，带动了大量网友跟随他们夫妻一起健身，并期待着刘畊宏为她们"在线批作业"，"刘耕宏女孩"因此走红。"栓Q"一词源自抖音英语教学博主刘涛，他虽然是一名农民，但他很努力地自学英语，在说"thank you"时因发音问题，听起来像"栓Q"，自此，"栓Q"一词在网络上走红，网民纷纷效仿。可见，网络语言不但有足够大的、充满活力的市场，而且社交媒体传播力惊人，一旦迅速传播，就会成为顶级流量的存在。

二、新媒体语境下网络语言的变异

网络语言的变异是语言变异的一个重要分支领域，不仅涉及语言内部各要素的发展变化，而且关系到语言生态的和谐。网络语言中的新造词语、旧词新义、方言词语、网络流行语等的产生也是汉语本身不断发展变异的结果。

（一）网络词语的字母化

网络词语的字母化是指网络语言中使用字母或字母组合来表达特定的含义或概念。例如，由汉语拼音缩写构成的"YYDS""pyq"，由英文单词缩写构成的"PUA""CP"等，还有一些是由汉语拼音、英文字母组合构成的。这些字母词通常具有简洁、易于记忆、使用起来方便快捷的特点，因此在网络交流领域得到广泛应用。从构成形式来看，字母词跟传统的汉语词汇有一定的区别，在特定的网络环境下，表意清晰的字母词更容易被大众接受，其中有的字母词具有多义性，如PP，在不同的语境下可能分别表示婆婆、漂亮、照片等含义。

（二）网络词语的符号化

网络语言的符号化是指使用特定的符号或符号组合来表达特定的含义或概念。这是网络语言变异的另一种形式。这些符号化和图像化的语言形式简洁明了、易于理解，能够在短时间内迅速传播开来。网络交流不同于面对面交流，为了使之能够表达交流双方更丰富的情感，更直观地表现交流双方的情绪，大量的符号、表情包在网络交流中被广泛应用。

（三）网络词语的重叠现象

网络词语的重叠现象是指将某些词语或短语进行重复使用，以达到某种特殊的表达效果。这种现象在网络语言中尤为常见，主要形式包括词语重叠、音节重叠、拼音重叠等。例如，将萌萌哒、美美哒、可可爱爱等词语重叠使用，可以表达出一种亲昵、可爱的情感；部分网络词语通过重复使用来模仿儿语或加强语气，如满满的诚意、快快的速度等。另外，词语的重叠表示程度的加深，如"顶"，表示支持，多个"顶"表示非常赞同；"绝绝子"源自"绝了"，表示好极了。网络语言综合字母、符号、图片与汉字等形式，以表达交流双方丰富的情感内涵，其字母化、符号化及重叠现象都反映了网络文化的独特性和创新性，同时也为网络交流增添了许多趣味性和形象性。新媒体平台虽然为网络语言的形成与传播提供了有利条件，但我们应该理性看待网络语言的变异。

三、新媒体语境下网络语言的传播

新媒体语境下，网络语言的传播与早期网络语言在传播平台和传播方式等方面都产生了很大的变化。

（一）传播平台

网络语言的传播平台包括社交媒体、论坛、视频网站等。这些平台为网络语言的产生和传播提供了空间与工具，促使网络语言迅速传播并被广泛使用。社交媒体不仅为大众提供了交流的平台，也为网络语言的发展和创新提供了土壤。大众可以自由地发表观点、交流信息，随时随地分享自己的想法和感受，同时也可以观察和学习其他人的表达方式，创造和使用各种形式的网络语言。微博、微信、Twitter 等社交媒体平台上的流行语，往往能够在短时间内迅速传播开来，成为人们日常交流中的热门词汇。2020年11月初，一名网友在微博上运用看似平实的文字，明贬暗褒，不经意间炫耀自己"高贵"的生活，由此引起网友模仿，形成"凡尔赛文学"这个新词，并广泛流行。

论坛和社区为人们提供了一个围绕特定主题或话题进行交流的平台，在这里，人们既可以更加深入地探讨某个领域的知识和文化，也可以分享自己的经验和见解。例如，在百度贴吧、Reddit等论坛和社区平台上，用户发布帖子、回复评论，并使用简短的词语或短语来表达自己的观点和情感。同时网络语言也在这些平台上得到了发展和变化，一些专业术语、俚语、行话等也逐渐形成并被广泛使用。短视频和直播平台是近年来兴起的新媒体形式，为人们提供了一个更加直观、生动的交流方式。人们观看短视频或直播内容，通过评论、弹幕等方式进行互动。这些平台上使用的语言往往比较口语化、简洁明了，容易在短时间内传播开来。一些具有代表性的网络词语、短语和表达方式，"老铁""666""集美"等词语，就是在短视频和直播平台上得到广泛传播的网络语言。

（二）传播方式

网络语言在各种网络媒体中传播，如社交媒体、论坛、视频网站等。传统的传播媒介如电视、报纸、广播、影视等，属于公共性传媒，主要传播主流文化思想，缺少与受众的互动，语言比较正式、规范。新媒体的发展，使网络上人际信息的交流突破了时间和空间的限制，交互性传播得到普及。网络语言满足了受众追求自我、彰显个性和不断创新的心理需求。由于新媒体环境打破了时间和空间的限制，受众的地位发生变化，不再局限于被动地接收信息，在作为受众的同时也是同一循环传播活动的发起者。因此，接收者亦是网络语言的传播者，如此循环往复。网民在作为受者的同时，也常以传播者的身份出现；传统媒体环境下"传者→受众"的单一传播模式，发展为以"传媒→网民"和"网民→网民"模式并存。

网络语言的传播主体广泛，既包括个人即广大网民，也包括传统媒体如报纸、电视，以及微信、微博、手机客户端、抖音、快手等新媒体平台，它们都是不可忽视的传播力量。各种媒体在报道中应用网络语言，一方面吸引了年轻人，另一方面也顺应了社会潮流，与网络文化接轨。网络语言的传播范围广泛，不仅在网络平台上传播，更是渗入到现实生活中，普通民众参与其中，进一步扩大了网络语言的影响力。

四、新媒体语境下网络语言的规范

作为语言生态系统中的一部分，网络语言也在不断地变化和发展。遵循"适者生存，优胜劣汰"的自然法则，那些反映社会发展、符合语言规律的网络语言，将被纳入语言生态系统，进一步丰富语言的多样性。否则就造成语言发展的不平衡，逐渐被淘汰，并最终消亡。因此，我们应该对网络语言进行规范和引导，以维持语言生态系统应有的平衡。关于新词语的规范问题，于根元、齐沪扬等有专门的论述，对网络语言的规范说法我们可以有所借鉴。对网络语言本身而言，规范的目的是更好地运用语言进行交际，规范的对象是那些可能给交际带来误解或某些问题的语言现象，规范总的原则是有利于交际。首先，不仅要确保语言能表义明确，以满足交际的需要，同时还要强调语言的品位和文化的传承，即网络语言是否有一定的文化底蕴，在品位上是否高雅、文明。其次，网络语言要符合汉语的构词规律，这是对语言形式的要求，如在原有词语基础上创造的新词语"打工人"，属于现代汉语中的偏正结构，符合汉语构词规律，所以更容易为人们接受。再次，普遍使用的原则，普遍使用是一种外在的推动力，是网络语言形成和发展的社会基础，若越来越多的人使用，网络语言中的部分词语就会逐渐稳定下来。最后，语言本身就是处于运动变化之中的，对网络语言规范使用的问题我们同样要以动态的眼光看待,不能搞"一刀切"。

对个人而言,要积极培育和践行社会主义核心价值观,坚持使用规范的语言,以提高自身的媒介素养和综合素质,自觉抵制那些低劣、不文明的表达,提升个人的语言素质和品位。对传统媒体及新媒体平台而言,应采取积极的措施,强化审核机制,运用技术手段对不文明语言进行过滤和屏蔽,监测网络语言的变化和发展;倡导规范使用语言,开展宣传教育活动并鼓励用户自我约束,以维护网络语言的规范性和文明程度,创造健康、有序的网络传播环境。为营造良好的网络语言环境,语言工作者要给予适当的引导和规范,使之向健康的方向发展。首先,要不断加大宣传力度,提高全社会的语言规范意识;其次,要从国家的语言政策、语言规划、语言治理的角度来研究网络语言;最后,要加强网络语言的立法工作和法治建设,进一步修订、细化和完善现有法律法规,从而保护语言生态平衡。

第二节　网络语言传播的弊端与规制

一、网络语言产生的原因

(一)文化融合

网络语言是指在互联网环境中所使用的语言形式。网络为网络语言的产生创造了载体,也提供了环境。随着网络的日益普及,社会生活的各个领域与网络的关联日益紧密,人们无论是交流、学习和工作,都与网络产生了很大的交集。当前,我国网民规模大、低龄化趋势明显。主体文化背景的差异,为客体网络语言的发展注入了新的元素。例如,随着动漫文化的兴起,动漫元素纷纷被应用到网络交流中,由此出现了许多动漫特色的网络语言。

（二）快节奏生活

信息输入是沟通的重要介质，人们通过网络语言来交谈。为了提高交谈效率，文字的输入变得更加快捷，人们越来越倾向在较短的时间内对更多的信息进行传播，这在网络游戏行业更加明显。对爱好打游戏的网民来说，如果输入信息比较慢或者操作不够熟练，会被同伴嫌弃，甚至不会再次进行合作，因此，精简、高效且便于理解的游戏语言便由此产生。在工作领域中，邮件沟通、网络洽谈等方式兴起，在改变人们传统工作方式的同时，对语言介质也有了新的要求。传统沟通具有地域限定性，空间跨度大，与传统沟通方式不同，网络沟通是双向沟通，其传播存在线性特点。为了提高沟通效率，成本因素的理性计算成为人们沟通的重要考量，这无疑为网络语言的产生创造了条件。

（三）心理因素

网络语言无不与特定的心理有关，很多网络语言的出现都与主体的特定心理需求有关。在网民群体中，学生群体、技术人员占相当大的比例，猎奇性、趣味性成为他们日常网络交流的主要目的。一方面，因为多数人受过一定的教育，富有一定的创新意识，喜欢在网络交流中追求"一鸣惊人"的效果，诸如将"知道"表示成"造"，用"喜欢"表示成"稀饭"就是这种类型；另一方面，为了增加沟通的趣味性，他们喜欢用谐音的方式，表达幽默感，增加信息沟通的趣味性。还有一些网络语言的出现，则是利用一些特殊的词汇来间接表达自己的情绪，例如，将"版主"写作"斑竹"，因为斑竹传说就是源自一段凄美的故事，这也在间接暗示版主的辛苦。

二、网络语言的传播方式

（一）单向的信息获取

信息获取是网络语言传播的重要方式，对特定的行为个体而言，信息获取具有单向性，即在主体特定的信息获取的主观需求驱动下，有意无意地接触和了解到网络语言。当前，根据信息获取的主要途径，可以将单向的信息获取划分为两种类型：其一，搜索引擎。目前我国搜索引擎的网络用户规模巨大，达5亿人之多，使用频率达到80%，作为一种重要的网络搜索工具，为网络语言的传播起到了很大的促进作用；其二，网络新闻。信息时代，网络新闻是人们了解外界信息的重要渠道，通过网络新闻获取新鲜资讯已经成为人们的一种生活日常。在阅读网络新闻的过程中，各种网络新鲜话题不断涌现，对网络语言的形成和传播起着推波助澜的功效。例如，"我爸是李刚"网络语言的出现，就是通过网络新闻酝酿而生的。

（二）双向的网络沟通

双向的网络沟通主要是以网络通信工具的方式存在，是网络语言传播的重要方式。双向网络沟通的特点是沟通的双向性，沟通双方基于特定的话题，发生即时、跨越时空的沟通。以QQ、微信为例，在双向沟通中，不仅可以交流文字信息，还可以使用图片、语音和视频信息，在这过程中，新的网络语言不断被生产和传播。同时，微博、博客同样是网络沟通的重要载体，相比后者，微博具有短而快的特点，可以快速浏览和共享各类信息，在评论和话题讨论中，因人数众多，言论较为自由，对网络语言的传播，必然起到一定的促进作用。

（三）多向的娱乐交流

休闲与娱乐是网络的一大重要功能，在当前的网络生活中，主要是以网络游戏和网络文学的形式来表现。网络游戏因其交互性、虚拟性与模拟性，已经成为广大网民娱乐和交流的重要方式。在实际中，一般网络游戏都是通过窗口的形式交流，为了节约时间，提高沟通效率，会使用简短的词汇来表达信息，这在一定程度上为网络语言的传播创造了条件。例如，网络语言"秒杀"是在网络游戏《石器时代》中最早出现，意思是在最短时间内将对手解决；"Boss"也是最早在网络游戏中出现的词汇。网络文学作为文学产品的输出场所，在满足网民文学阅读的过程中，因自身的语言特性也促进了网络语言的传播。在创作中，为了吸引眼球，作者通常会加入一些新的网络语言，网络语言是网络文学的特定属性，也是网络文学与非网络文学区别的显著差异。此外，在多向娱乐交流中，网络视频与直播当前十分火爆，因其信息量巨大、内容多样、同步互动等特点，成为当前网络生态中的独特存在，为了吸引观众点击，也会加入网络流行语言。

三、网络语言传播的弊端

（一）引发交流障碍

网络语言具有自身独特的语言元素和风格，与日常的口语、书面语言，在语言形态上具有显著的差异。日常交流语言在大众语境下存在，人们对语言的含义有着约定俗成的理解，从而让交流能够在顺畅的情形下完成。相比而言，网络语言的形成环境、风格与人们在日常交流中语言的应用差别迥异，从而在语言的适用性上有着特殊的要求。一方面，网络语言适用于网络环境，在虚拟语境下，特定网络语言有着共同的含义；另一方面，网络语言使用的人群以网民为主，尤其是以青年网民为主，他们在共同的语境和话题下，对网络语言的使用和交流不会存在障碍。信息化时代，由于网络与社会经济各个层面联系日益紧密，借助各类社交软件，网络语言传播速度快、范围广，突破了既有的传播时效限定。具体表现为：其一，由既有的网络空间延伸到生活层面，生活中的网络语言无处不在；其二，由网络时空中的常态性延伸到生活层面，生活中的网络语言无时不在。然而，网络环境与生活环境二者在传播对象、人际交流上存在显著差异，网络语言的出现，在相当程度上会给人们日常的交流带来冲击，由此引发交流障碍。例如，由于知识背景等差异，代际沟通中本身就存在一定的代沟，而青年群体使用"抢沙发""累觉不爱"这类网络语言，为不同辈分的人们之间的交流带来了障碍。此外，在学生的日常学习中，大量的网络语言的涌入，使得学生在书面作文中开始自觉不自觉地应用，结果导致无论是老师，还是家长，都难以理解他们要表达的内容。

（二）影响汉字的严谨性

作为人们长期生产实践的产物，汉字既是一种文化产品，又是一种语言形态，具有严谨性的显著特点，其含义与使用通常有着严格的规则性要求。网络语言产生于网络，首要阵地是网络，鉴于网络的匿名性、自由性，网络语言在严谨性上较为欠缺，突出表现为存在错字、别字、语法错误等现象。究其原因，主要有以下三点：其一，孕育的深度不够。汉字产生于长期的生产实践，涵盖生产、生活、经济、政治等各个领域，涉及自然关系、社会关系、人与人内部关系等各个层面的实践，其孕育的土壤背景更加复杂，使得汉字自身经历了千锤百炼；网络本身十分随意，网络语言的出现随意性、娱乐性很强。其二，创造主体的创造力不够。人民群众是汉字的创造主体，由于人民群众蕴含的内在智慧和力量，可以为汉字的严谨性、科学性提供保障，而网络语言的创造主体是网民，因化水平、知识背景上的良莠不齐，网络语言的严谨性很难实现。其三，功能上的随意性。汉字主要是为人们的正常交流提供语言载体，为社会发展提供形式一致、内容确定的语言介质。毋庸置疑，网络语言的传播目的在于满足特定个体的特定需求，与汉字相比，存在着功能普遍性与功能单一性的差异。大量网络语言的出现，影响了汉字的严谨性，为汉字的发展与传承带来了冲击。现实生活中，因为网络语言的滥用，很多场合充斥着大量的不合时宜的网络语言，破坏了汉字的系统性和严谨性。

（三）影响网络环境的净化

社会规范为社会行为提供了指引和约束，各类法律法规下，合理合法成为人们生活的日常形态，文明礼貌也成为大家的自觉要求。相反，网络却并非如此，由于网络本身就是虚拟空间，有自由、匿名的特点，使得人们在网络交流中往往更加大胆。鉴于当前网络立法工作的不完善，尤其是网络语言方面的立法工作不够健全，人们在网络交流中大胆无惧的同时，更加显得肆无忌惮。由此引发的问题是，在网络中，各类不文明的网络用语不断泛滥，借助各类网络平台，有些人在不考虑后果的前提下，发表一些不负责的言论，制造一些十分恶劣的网络语言。由于网络的非线性传播的特点，低俗网络语言的出现会在网络上出现爆炸式的传播效应，从根本上不利于网络环境的净化。

四、网络语言传播的规制

（一）正确引导

正确引导是基础，作为一种社会存在，网络语言的出现是社会发展的正常现象，网络语言本身并不存在危害，恰恰相反，对汉字语言而言，网络语言发挥着丰富形态、推进发展的作用。与此同时，我们必须注意到，不加引导的低俗网络语言必然会影响语言交流，对严谨的汉字而言，也不利于后者的长久健康发展。网络语言的出现基于一定的趣味性，存在一定的偶然性，在实际中，很多网络语言之所以出现，皆是由于创造主体与传播主体对其行为后果忽视或者低估的结果。一方面，创造主体在创造网络语言、满足个体心理的同时，完全没有认识到自身行为可能带来的结果；另一方面，传播主体在传播过程中，对行为自身也认识不足。对此，网络语言的规制，首先要落在引导上，要将正确引导作为规制网络语言的基础。要以网络为基础，以家庭、学校为补充，加强对网络文明用语、低俗网络语言的认识，充分认识到网络文明用语的必要性和不文明用语的危害性。

（二）强化立法

强化立法是保障。使用低俗的不文明网络语言属于网络交流中的偏差行为，本质上属于网络语言发展中的"越轨性"行为，制度层面的约束既是必然，也是保障。对于低俗的网络语言，必须从社会规范层面加大工作力度，强化立法，建立健全网络立法工作，强化网络文明用语。一方面，明确界定网络的文明语言与不文明语言之间的界限，明确网络不文明行为的类型和表现；另一方面，明确责任，加大惩罚力度，对网络不文明行为，明确惩罚标准。

（三）完善审核

在网络语言规制中，必须采取"解铃还须系铃人"的策略，将解决之策落实到网络自身之中，通过网络来寻找规制之策。网络是网络语言产生的土壤，也是其传播中介，我们可以借助网络，做好审核和过滤，实现对网络语言的规制。一方面，通过技术手段，强化网络语言的监控，规避源头层面的低俗网络语言的产生；另一方面，加大网络监控力度，减少低俗网络语言的传播。当前，在加大资金投入、强化技术研发力度的同时，要尤其加大网络实名制的推行力度，为网络环境的净化提供切实保障。

网络语言是时代发展的必然产物，规范网络语言的使用，要本着实事求是的精神，具体问题具体分析，既要结合语言发展的一般性，又要研究网络语言的特殊性。由于网络的自由性和匿名性特点，不规范网络语言的产生和使用，不利于汉字阅读的传承和学习。网络语言的规制必须多管齐下，要从立法、教育、技术角度综合推进，从而确保网络语言的健康发展。

第三节　网络语言传播与治理研究

什么叫做语言传播？多年来一直未得到明确定义。语言传播是顺应历史发展的事物，伴随时代进步和社会发展得到相应改变的一种传播现象。语言传播由于受到时间和空间两层因素影响，人口地理位置的迁移、不同地区人们的语言交流、科技发展等多种因素都将推动语言传播的改变。如今，我们身处网络时代，网络词语逐渐成为语言传播中值得关注的问题。截至2018年12月，我国网民规模达8.29亿，普及率达59.6%，较2017年底提升3.8个百分点，全年新增网民5653万。我国手机网民规模达8.17亿，网民通过手机接入互联网的比例高达98.6%。网民在不断增加的同时，网络平台中语言传播问题也逐渐出现于大众视野，构建良好网络语言传播环境逐渐成为业界和学界关注的话题。

一、语言传播的本质

语言是人类赖以生存的工具，马克思认为："语言是思想的直接现实，社会依赖语言，没有语言参与的社会生产和公众生活是无法想象的。"语言学家罗伯特·库珀认为语言传播是"一个交际网络为了实现特定的交际功能而采用某种语言或语言变体，随着时间的推移，该网络的规模得以扩大"。同这一网络的不断扩大将形成一种语言传播环境，人们生活在其中并对其进行不断改变。从罗伯特·库珀的定义来看，语言传播形式是多样的，语言在各自传播路径中会相互贯通，最终实现一个更大的活动平台。在语言传播的过程中，言语中两者接触关系逐渐贴近，产生相互影响的可能性将变大。容易产生双语现象、融合现象以及混合现象等，导致发生超出言语本身含义的内容。

潘巍巍在《语言传播的本质规律探究》中阐释出以下语言传播活动的本质特征，其共分为以下几个类别：复合性、渐变性、不稳定性、演化性、竞争性、等级性、外延性、层序性和选择性。这九种特征都是概况语言如何传播以及最终传播效果如何。例如，复合性阐释的表层含义即一种语言吸收其他语言内容，导致语言发生变体，最终对语言内容和表述产生了一定制约；渐变性则是随着历史和社会演进，受到社会大环境影响，导致语言受到影响而失去本意，甚至消亡。以上九种特征皆能证实语言传播会受到社会影响、人类意识等多种因素制约。语言为人类所运用，因此这种演变是社会发展的必然趋势。

二、网络语言传播现状

网民通过手机这一媒介就能实现全球的互联互通。目前，网络平台已逐渐成为语言传播的"主战场"。日常生活中人与人之间最重要的交流方式就是语言，网民借助网络平台逐渐塑造了网络词语盛行的环境，通过传统语言和新式网络语言交互使用，逐渐形成当下语言传播环境。

（一）传播过程出现传播障碍

人际传播是指人与人之间的信息交流，交流形式分为面对面的交流和借助媒体为中介的间接传播。在网络盛行时代，借助媒体为中介的传播方式成为最主要的传播方式。这一媒介失去了人与人之间面对面交流的姿势强化、表情等其他补充信息，在一定程度上也容易产生传播障碍。产生传播障碍的原因更多的是因为新的语言不断出现，网民在媒介接触过程中有选择性进行接触传播内容，导致出现信息不对称和缺位的现象，造成语言传播障碍现象的发生。

目前，微博客户端已经成为网民交流的主要阵地。2019年3月15日，新浪微博数据中心发布最新《2018微博用户发展报告》（以下简称《报告》）。《报告》显示，微博月活跃用户4.62亿，连续三年增长7000万＋；微博垂直领域数量增加至60个，月阅读量过百亿领域达32个。如此庞大的用户规模足以说明微博这一平台给语言传播带来的帮助与影响。网络用语层出不穷，很多词语来自网友发明。最近火爆网络的新词"9102"，广泛被用在日常人际交流过程中，这个词语想表达的意思是将所处年份2019年"倒装"一下用来夸张表示事件的久远，也用来吐槽事件的过时和陈旧。年轻人对这一词语接触速度快，接受能力强，但部分年龄过小或年龄较大不常接触网络的人们就不了解这些词语的含义，交流过程中就容易产生障碍。同时人们对词语的不同解释也将影响语言传播造成传播障碍。例如，"伞财童子"，微博中释义为因为丢伞花费大量钱财的人。雨季丢雨伞，晴天丢太阳伞，曾经花大价钱买的高颜值、高质量的伞都已变成手机相册里的纪念；以为更贵的伞能让自己珍惜、长记性，可丢到最后发现便利店15块钱一把的雨伞也挺好。新式的网络释义丰富了词语含义，但在两种含义在人们沟通过程中出现了信息缺位，语言传播的障碍就随之产生。如果沟通对象在非面对面沟通的情况下，语音语调的缺少也会加深语言传播效果导致传播障碍。

（二）网络语言塑造新语言传播环境

在网络用户数量不断增加的时代下，借助新式词语提升交流的趣味性是网络词语的最大特点。"OMG"是网络上常用英文缩写形式，是英文"Oh，Oh My God"或"Oh My Gosh"的缩写，可以将其翻译为"我的天哪"。这个"OMG"之所以在民间广泛流传最初是出现在抖音App的短视频内，账号名为"李佳琪"的运营号，他在录制化妆品推荐视频的过程中，经常用"OMG"来形容化妆品好的程度，也因这一词汇给整个化妆品行业带来销售额的攀升。语言传播的力量是巨大的，人们无法阻挡好消息的传递或坏消息的散布。一类语言、一个词语就能掀起一场信息浪潮。"我酸了"是2019年的热点网络词汇，简单理解"我酸了"，就是我羡慕了的意思。如果经常浏览论坛的网友就会了解"硬核"这一词语。这个词原本用来形容音乐和游戏。在网络平台渐渐流行起来后，可以将其理解为是一种很厉害、很刚硬的意思。众多网友在评论过程中、与人交谈过程中若用到这一词汇，就说明彼此常活跃在网络平台中，对网络热词了如指掌。因此沟通双方在交流过程中更能建立起畅通的沟通环境。

传统语言能清晰表达人们想要体现的内容，而网络词语的出现将语言传播内容变得更加丰富，也凸显出网络环境下语言传播的力量。新的网络词语逐渐融入网民生活中，网民通过获得的新网络词汇塑造新的语言传播环境，这种语言环境将传统语言和网络词语相互交融，让整个语言传播环境变得更加轻松和生动。

三、网络语言传播与治理的路径

语言传播方式多种多样，通过移动互联网、面对面等方式实现信息传递，我们要思考如何构建良好语言传播环境是实现良性传播的关键。网络运营者和网络用户都应参与营造良好网络语言环境。

（一）优化网络语言

语言是人类社会最重要的交际工具，人与人之间若想清晰表达信息内容、传递思想就必须规范使用语言。国家制定了许多法律法规来约束语言传播，如《中华人民共和国宪法》《中华人民共和国国家通用语言文字法》等。目前，网络中很多网友忽视法律法规的存在，在网络交际活动过程中，对汉语随意进行改变，使良好的语言传播环境遭到破坏。网民借助新词汇进行交流将会提升互动的趣味性，因此，努力打造良性语言传播环境是每一位网民应做之事，一个良好的语言传播环境是可以依靠传播者个人力量搭建和营造的。国家可从以下几个方面着手整改。

1.规范网络语言形式及内容

在当今数字化社会中，网络语言作为人们日常沟通的重要方式，正在迅速传播和演变。然而，随着其普及，我们也不可避免地面临着一些挑战和问题。其中之一便是如何在网络语言传播过程中，规范文字表达和语言语法的使用，尤其是对暗含语言暴力的词语进行有效管理和规范。理解和定义网络语言的含义至关重要。网络语言是指在互联网环境中形成的一种具有特定表达方式和风格的语言形式。它通常以简洁、生动、直接的方式表达思想和情感，随之而来的是其使用过程中潜在的模糊性和不规范性问题。这些问题包括文字表达不清晰、语法错误频出，以及更严重的，是一些暗含语言暴力的词语和表达。

语言暴力是指通过语言传达出的攻击性、贬低性或者歧视性信息，它可能直接伤害他人的情感和尊严。因此，对这些暗含语言暴力的词语进行规范，是保护网络语言环境中每个人的基本权利和尊严的重要举措。如何进行规范和管理是一个既复杂而又迫切需要解决的问题。一方面，可以通过教育和宣传，增强公众对语言暴力的认识和敏感性。学校和社会组织可以开展相关的宣传活动，向广大网络用户普及正确的语言表达和使用原则，鼓励尊重和理解他人。同时技术手段也的采用可以发挥重要作用。平台和应用程序开发者可以设计与实施智能过滤及审查系统，及时识别和屏蔽含有语言暴力的内容，减少其在网络中的传播。此外，建立用户举报机制和处理机制也是保障网络语言环境和谐的有效途径。社会各界的共同努力是保障网络语言环境健康发展的关键。政府、企业、学术界以及个人都应当共同努力，共同维护网络空间的清朗和谐。通过立法和政策的支持，加强对网络语言环境的监管和管理，同时也需要个人自律性和道德规范水平的提升，共同促进网络语言的规范化和健康发展。

2.分层对不同网络空间进行规范

在当今社会，网络的发展日新月异，涌现出了各种不同形式和特点的平台，如微博、短视频、网络直播等。这些新兴网络形式与传统的学校、企事业单位等传统领域形成了鲜明对比，但它们都是公共空间的一部分，对用语用字的规范都应当具有高度的重视和关注。对传统领域的网络空间，如学校、企事业单位等，用语用字的规范显得尤为重要。这些领域往往具有更为正式和严肃的特点，因此在这个领域内沟通中，应当遵循相应的规范和礼仪。文字表达应当清晰、准确，避免使用容易引起误解或产生争议的词语，尊重不同文化和价值观念，保持专业性和礼貌。针对新兴网络空间，如微博、短视频和网络直播平台，其特点则更为多样化和直接化。这些平台往往强调即时性和个性化，因此用户的表达方式和语言风格可能更加自由与多样。然而，正因为网络广泛的影响力和传播速度，对用语用字的规范同样至关重要。应当避免使用容易引发争议或冲突的词语，尤其是包含暗示性暴力或歧视性的表达，以免造成社会负面影响和产生舆论误解现象。

培养公共环境意识是规范网络空间用语用字的关键。无论是传统领域还是新兴网络平台，它们都是公众共享的空间，政府应当通过教育和宣传增强用户的责任感与社会意识。学校和企事业单位可以通过政府制定相关的网络用语规范与行为准则，引导学生和员工在网络交流中遵循基本的道德与法律原则。互联网平台应当加强对内容的审核和管理，建立健全举报和处理机制，及时处理违规问题，维护网络空间的清朗和正常秩序。

3.执法部门加强监管与规范

随着互联网的快速发展和普及，各类网络平台如微博、短视频、社交网络等已成为人们日常沟通和信息获取的重要途径。然而，这些平台也面临着内容管理、信息安全等方面的挑战，需要有效监管和执法来维护公共秩序与社会稳定。各部门应当在遵守法律法规的基础上具体细化的执行制度。例如，公安部门可以依据相关法律法规，明确网络犯罪的认定标准和处罚措施，确保对网络犯罪行为的及时处罚和打击。文化和广电部门可以制定内容审核和管理的技术标准与操作规程，保证网络平台上信息的质量和合法性。此外，工商、通信管理等部门应当加强对网络平台运营者的注册、备案和经营行为监管，防止不法分子利用网络平台从事违法活动。同时建立跨部门的联合执法桥梁至关重要。互联网传播的跨界性和复杂性使得单一部门难以独立有效监管，需要各部门之间建立信息共享和协作机制。例如，公安部门可以与通信管理部门合作，通过采用技术手段追踪和分析网络犯罪活动的线索；文化和广电部门可以与教育部门共同推动人们网络文化和信息素养的培养，提升公众的网络安全意识和法律意识。

加大对网络平台中网民违法违规行为的处罚力度是保障网络空间秩序的关键。通过建立明确的违法违规行为细则，如针对网络谣言、诈骗、淫秽色情内容等制定具体处罚标准和程序，对违法者进行严厉惩处，将会起到震慑作用。同时，要求网络平台加强自律和内部管理，建立健全的内容审核和处理机制，积极配合执法部门进行违法信息的删除和追责。强化执法效力需要政府部门、企业和公众的共同努力。政府应当通过加强法律法规的制定和完善，提升监管能力和执法水平；企业应当履行社会责任，积极配合政府监管，加强内部管理和技术投入；公众应当增强自我保护意识，自觉遵守法律法规，举报违法违规行为，共同维护清朗的网络空间。

（二）营造文明网络环境

互联网平台已经成为当代人类主要活动的场所，诸多信息从网络获取、工作学习内容通过网络交流。营造积极向上的网络环境需要每一个网民参与其中。网络平台运营者要在传播信息过程中渗透注意措辞的提醒，让网民有选择性地发布信息内容。同时网民也要主动提升自身素质，创造新式词语一定要用在合适的场合和时刻，滥用词汇对社会和网络环境造成恶劣影响的行为势必受到惩罚。努力营造良好环境是每位网民应尽的职责和义务。

1.加大对网络空间净化力度

随着互联网的普及和应用，它已经深刻地改变了人们的生活方式和信息传播方式。然而，随着网民数量的增加和传播信息范围的扩大，互联网平台上也出现了大量恶劣的网络语言和语言攻击事件，严重影响到了网络空间的净化和良性发展。因此，加大对网络空间的净化力度，建立健全的监管机制，成为当务之急。针对恶劣网络语言的泛滥现象，政府必须采取坚决措施进行抵制和管理。这些恶劣网络语言涉及侮辱、谩骂、诋毁、歧视等，不仅会伤害到个人的尊严和感情，也会破坏网络空间的公共秩序和社会和谐。政府部门应当加强对互联网平台的监管，制定和完善相关法律法规，明确网络语言使用的规范和处罚标准，对违法违规行为进行严厉打击和处理。

定期进行大范围的监察和审核是维护网络空间清洁的重要手段。这包括对各类互联网平台、社交网络、论坛等进行传播内容的审核和评估，及时发现和处理含有恶劣网络语言的内容。通过采用技术手段和人工审核相结合的方式，及时清理和删除违规内容，防止其对广大网民产生负面影响和误导。营造良性网络环境需要多方共同努力。除了政府部门的监管，同时互联网企业和平台运营者也应当承担起主体责任，加强自律和管理措施，建立健全的内容审核机制和用户举报机制，有效处理用户投诉和举报，保障用户的合法权益并承担其社会责任。同时，通过开展公众教育和宣传活动，提升网民的网络素养和法律意识，引导网民文明、理性地表达意见和情感，共同维护良好的网络空间秩序。

2. 塑造正确价值教育导向

随着手机使用率的大幅提升，青少年群体成为网络空间中重要的参与者。在这一特殊的成长阶段，他们的人生观、价值观正在形成和塑造，因此如何正确引导和教育青少年，塑造正确的价值教育导向显得尤为关键和迫切。文化语言修养的提升是塑造青少年正确价值教育导向的基础。青少年在使用互联网和手机时，经常接触到各种信息和言论。这些信息可能涵盖丰富多样的文化内容，但也可能包含粗鄙、低俗或暴力色彩的词语和表达。教育部门、家庭和社会应当共同努力，通过教育和引导，帮助青少年提升其对文化语言的理解和鉴别能力，使其能够辨析并选择合适的表达方式，自觉抵制不良信息的诱惑。强化青少年的自觉意识是关键步骤。青少年正处于认知和自我认同的发展阶段，他们容易受到同龄人和网络的影响，由此形成潜移默化的行为模式和价值观念。因此，家长和教育者应当通过开展定期的价值观教育和道德培养活动，引导青少年认识到不良信息的危害性，提升他们自我保护意识和自律能力。这种自觉意识的培养不仅有助于青少年在网络空间中实施正确行为，也能够帮助他们在现实生活中形成良好的行为习惯和社会责任感。

远离粗鄙、低俗及暴力色彩的词语和内容是塑造青少年正确价值观导向的重要体现。互联网和手机的便捷性虽然使信息的传播速度和广度大大增加，但也带来了内容质量和道德风险的挑战。社会各界应当联合起来，从法律法规的制定、平台管理的强化到个体行为的引导，共同营造一个清朗、健康的网络环境。各类互联网平台和社交媒体应当承担起传播主体责任，加强内容审核和管理，严格查处含有低俗、暴力内容的发布和传播行为，保障青少年拥有在网络空间中的安全感和良好的成长环境。正确的价值观导向不仅是青少年个体发展的需要，也是社会进步的重要保障。通过教育体系的完善和家庭教育的强化，能够为青少年提供更为健康、积极的网络空间体验，培养他们成为具有责任感和创造力的社会成员。这种价值观导向的塑造不仅关乎个体的发展，也涉及社会和文化的可持续发展，是推动社会向更加文明、进步方向迈进的重要推动力量。

3.强化网络运营者自律精神

目前，追求高流量带来的广告收入和影响力成为许多运营者的首要考量，然而，这种追求流量的行为有时会导致一些网站选择发布影响社会风气的不良信息内容和低俗词语，从而对整个社会带来负面影响和危害。这些内容可能包括虚假新闻、煽动性言论、低俗色情内容等，其不仅损害公共道德和社会和谐，还可能误导和影响广大网民的正常思维与行为。尤其是对青少年群体而言，他们在接触到这些内容时容易受到负面影响，导致其价值观和行为模式出现偏差。

个人网站或团队媒体人为了获取流量和广告收入，可能会采用吸引眼球的标题和内容，包括使用低俗词语和挑衅性的表达方式。这种做法虽然能够短期内带来经济利益，但从长远来看，可能会损害自身的信誉和形象，甚至可能面临承担法律责任和遭到社会谴责。不论是独立媒体人还是团队媒体人，都应当意识到营造良性网络环境的重要性。网络运营者应当树立正确的价值观和责任意识，不以获取流量和经济利益为唯一目标，而是要注重内容的质量和社会影响。网络运营者应当遵守法律法规，自觉抵制发布不良信息和低俗内容，通过正能量的内容来吸引和留住受众，树立良好的社会形象和品牌价值。同时，网络运营者可以加强自我约束，加入行业组织或者自律委员会，遵循行业规范和道德准则，共同维护网络空间的健康和秩序。另外，政府部门和社会各界也应当加强对互联网内容的监管和引导，加大对违规内容和不良行为的打击力度。同时，公众应当提升自身的网络素养和信息鉴别能力，理性对待各种网络信息，不轻易相信和传播未经证实的信息与言论。

网络语言传播，通过不同时代存在不同语言传播模式，多种力量推动其发生改变。语言传播是一个漫长的过程，这需要历史、文化、科学技术等力量的支撑，进而推动语言传播发展。在历史发展过程中，有些语言通过对外扩张实现传播、有些语言通过宗教实现传播，而有些语言通过意识形态实现传播。无论哪种语言传播形式都属于借助一个端口实现语言的不断演变和传播。进一步依法加强网络空间治理，营造一个风清气正的网络空间。治理网络不文明用语，是建设良好的网络文化环境的基础，也是促进互联网产业健康发展的保障。这是一项系统工程，需要从网民文明上网和网站文明办网两个方面去努力。在当今网络时代下，原有语言传播方式已经逐渐被改变，新生词语内容的不断丰富，网络平台中网民的频繁互动都将推动语言传播的进程。顺应时代潮流是语言传播一直以来都遵循的原则，而网民不断提高自身素质，将为营造良性的语言传播环境贡献一份重要力量。

第八章
高职院校网络语言传播的特点与规律

第一节　高职院校网络语言传播的速度与广度

一、高职院校网络语言传播的速度

（一）智能手机的普及

智能手机的普及使得信息获取实现了前所未有的便捷。学生可以随时随地通过智能手机浏览新闻、观看视频、参与社交媒体互动。这种便捷性使得新兴的网络语言能够迅速传播。例如，当某个网络梗或新词汇在微博、抖音等平台上流行时，学生可以立刻通过手机获取并学习这些词汇，并在日常交流中使用。这种实时获取信息的能力大大加快了网络语言的传播速度。

社交媒体是网络语言传播的主要平台，而智能手机则是进入这些平台的主要工具。高职院校学生大量使用微信、QQ、微博、抖音、快手等社交媒体平台，这些平台不仅是他们交流和娱乐的主要渠道，也是网络语言传播的重要载体。例如，微信朋友圈和QQ群聊是学生们分享与讨论网络热点的重要场所，通过这些渠道，网络语言可以在几分钟内从一个人传播到整个班级甚至整个校园。此外，抖音和快手等短视频平台也在网络语言传播中发挥了关键作用。学生通过观看短视频，学习并模仿视频中的流行语言和表达方式，从而推动这些新兴网络语言在校园内的传播。智能手机的

普及使得网络语言的传播更加多样化和互动化。学生不仅可以通过文字，还可以通过图片、表情包、GIF动图、短视频等多种形式进行交流。这些丰富的表达形式使得网络语言的传播更加生动有趣。例如，一个流行的表情包可能在短时间内被大量转发和使用，成为学生在日常交流中的热门元素。这些表情包往往包含最新的网络语言，通过视觉和文字的结合，增强了传播的效果和速度。

智能手机促进了不同社交圈之间的网络语言交流。高职院校学生除了与班级和社团的同学交流，还可以通过智能手机与校外的朋友、家人以及更广泛的社交网络进行互动。这种跨圈层的交流使得网络语言的传播不再局限于某一个特定群体，而是能够在更广泛的范围内迅速扩散。例如，一个在校内流行的网络用语，通过学生的社交网络，可能迅速传播到其他学校甚至社会各个角落，从而形成更大范围的语言潮流。同时智能手机的普及还使得高职院校学生能够更便捷地参与到网络语言的创造和传播中。学生不仅是网络语言的接收者，也是积极的创造者。他们通过微博、抖音等平台发布原创内容，创造新的网络用语，并通过社交媒体的广泛传播迅速获得关注和认同。例如，一个学生发布的原创短视频可能会因为创意十足而迅速走红，视频中的语言和表达方式也随之成为新的网络热词，被其他学生广泛模仿和使用。

（二）网络文化的影响

网络文化内容的丰富和多样化为网络语言的传播提供了充足的源泉与创作灵感。高职院校学生通过浏览各类网络平台，可以轻松获取到包括搞笑段子、情感故事、影视剧集等在内的丰富内容。这些内容中常常夹杂着最新的网络用语和流行语，如一些网红视频中的独特表达，或者在网络小说中流行的特定词汇，都能够迅速引起学生们的共鸣和模仿。学生在浏览这些内容的同时，也不自觉地将其中的网络语言融入自己的日常交流中，从而促进网络语言的快速传播。网络文化内容的互动性和社交性推动了网络语言的广泛传播。高职院校学生可以通过社交媒体平台如微博、抖音、快手等参与到网络文化内容的传播和评论中，他们可以通过点赞、评论、转发等形式积极参与到热门话题的讨论中，同时也在这些互动中学习并传播最新的网络语言。例如，一个流行的网红视频中的幽默台词或标志性表情，往往能够迅速在学生群体中走红，成为他们在日常交流中的热门话题和表达方式。这种互动性使得网络语言的传播速度比以往任何时候都更加迅速。

网络文化内容的时效性和新鲜感是推动网络语言传播的重要因素。高职院校学生追求时尚和潮流，他们对新兴网络用语和流行文化表达方式的接受度很高。通过关注网红的直播、热门剧集的更新、最新发布的网络小说等，他们能够第一时间接触到最新的网络语言和文化元素。这些内容往往在短时间内创造出许多新的网络用语，如"全网最火""笑死我了"等，这些词汇不仅在学生中得到迅速传播，也在他们的日常生活中被广泛应用，成为他们表达情感和沟通思想的重要工具。网络文化内容的娱乐性和亲和力也极大地促进了网络语言的传播。高职院校学生在学习之余，通过观看搞笑视频、追剧、阅读网络小说等方式放松心情。这些内容中的幽默、风趣、感人之处往往能够深深吸引学生们的注意力，并通过其中的网络语言迅速在学生群体中传播。例如，一个脑洞大开的网络小说情节或一个有趣的短视频段落，往往能够成为学生在日常交流中的谈资和表达方式，从而加速网络语言在校园内的流行和普及。

二、高职院校网络语言传播的广度

（一）校园内各类人群

在高职院校内，网络语言的传播不仅局限于学生群体，还可能影响到包括教职工在内的各类人群。尽管教职工在使用网络语言方面的频率可能较低，但他们作为学校中的重要群体，有时也会接触和理解一些流行的网络词汇，特别是在与学生互动和教学过程中。教职工作为高职院校的教学主体和管理者，他们通常具有较为成熟和专业的语言表达习惯，他们在教学、科研和管理工作中更多地使用正式和学术性的语言，而非流行的网络用语。然而，随着网络文化的普及和表达方式年轻化的趋势，一些流行的网络词汇和表达方式也不可避免地进入教职工的视野中。例如，一些广为流传的网络梗或热门词汇可能会在教师的日常生活和工作中出现，尤其是在与学生的日常互动中。教职工作为学校管理者和教学者，他们对校园文化和学生交流具有深刻的影响力。尽管他们的语言表达风格通常更为正式和保守，但在与学生互动和课堂教学中，教职工可能会不自觉地接触到一些流行的网络语言。例如，在课堂上，学生可能会使用一些新近流行的网络词汇或梗，教师在理解学生的表达和与学生互动时，可能会短暂地接触到这些词汇，并尝试理解其含义和背景。这种现象虽然不常见，但在一定程度上反映了网络语言在校园内的普及程度和影响力。

教职工在与学生的互动中可能会逐渐了解和接受一些网络文化和网络语言的内容。例如，一些活跃在社交媒体上的教职工可能会在与学生的在线互动中接触到学生常用的网络词汇和表达方式。虽然教职工使用这些词汇的频率可能较低，但他们在理解学生文化和与学生之间建立沟通桥梁时，偶尔使用一些熟悉的网络用语也有助于增强与学生的亲和力和沟通效果。教职工作为校园管理者和学术领导者，他们对校园文化和语言环境的塑造具有重要的影响力。尽管教职工可能不会直接参与到网络语言的创造和传播中，但他们对学校文化的态度和反应往往会影响到学生群体的行为与言论。例如，教职工对学生使用网络语言的包容和理解程度，会在一定程度上影响到学生在校园内的语言表达习惯和社交行为。

（二）家庭和社会影响

网络语言在高职院校内的传播不仅局限于校园内部，它还可以通过学生在回家或社交场合中的使用，进而影响到家庭成员和朋友，从而使得网络语言的传播超出校园的范围。家庭是学生日常生活中重要的社会单位，家庭成员对学生语言习惯的影响深远。尽管网络语言主要在学生之间流行，但一些流行的网络词汇和表达方式有时会在家庭成员之间应用并传播。例如，学生在学校学到的一些新词汇或者流行语，可能会在回家后被用于其与家人的交流中。虽然家庭成员可能不如学生那样熟悉和频繁地使用这些网络语言，但随着学生在家庭中的影响力增加，这些网络语言逐渐在家庭成员之间流行起来，从而扩展了网络语言的传播范围。同时社交场合也是网络语言传播的重要平台。当高职院校学生参与各种社交活动和聚会时，他们会展示和使用他们在校园中学到的网络语言。例如，在朋友聚会、社团活动或者外出旅游时，学生经常会使用流行的网络词汇和梗，与朋友进行轻松愉快的交流。这些社交场合不仅是网络语言传播的渠道，也是学生展示自我和融入群体的重要方式，从而使得网络语言在社会化的过程中得以进一步扩展和传播。

社会化媒体的普及会促进网络语言在社会范围内的传播。学生通过微博、抖音、快手等平台展示自己的生活和创意，其中不乏运用流行的网络语言和梗的内容。这些内容不仅能够吸引广大的在线观众，还能够通过社交活动转发和分享，迅速扩散到更广泛的社会群体中。例如，一个在校园内流行的短视频或表达方式，一旦在社交媒体上引起关注，可能就会迅速在社会各个角落传播开来，影响更多人的语言和文化表达习惯。同时家庭和社会环境的多样性也影响到网络语言的传播和接受程度。不同家庭背景和社会群体对网络语言的接受度和使用频率有所差异。例如，一些家庭和社会群体对新兴的网络文化与语言表达方式可能持保守态度，而另一些则更加开放和包容。这种多样性使得网络语言的传播在不同社会群体和地域之间呈现出复杂的格局，既有加速传播的因素，也有限制传播的因素，从而会影响网络语言在社会范围内传播的广度和深度。

第二节　高职院校网络语言传播的群体特征

一、年龄和学术背景

（一）年轻化特征

高职院校学生主要是年轻人，他们对新兴的网络语言和流行词汇的接受与使用比其他群体更为迅速及广泛。这种年轻化特征在网络语言的传播中起到了重要作用，既反映了年轻人的文化心态，也在一定程度上塑造了高职院校的校园文化氛围。年轻人的好奇心和接受新事物的能力是网络语言迅速传播的基础。高职院校学生大多处于18~24岁之间，这一年龄段的年轻人具有强烈的好奇心和探索欲望。他们乐于接受新鲜事物，善于通过互联网和社交媒体获取信息，因此对新兴的网络语言和流行词汇的敏感度较高。例如，一些新兴的网络用语如"内卷""凡尔赛文学""打工人"等，能够迅速在学生群体中流行起来。这些词汇不仅反映了年轻人的生活状态和心理特点，也成为他们日常交流的重要组成部分。社交媒体的普及为网络语言的传播提供了便捷的平台。年轻人是社交媒体的主要用户，他们通过微博、微信、抖音、QQ等平台进行信息交流和情感表达。这些平台不仅是获取信息的主要渠道，也是传播网络语言的重要载体。例如，某个流行的网络梗或热词可以在短时间内通过朋友圈、微博热搜等途径迅速传播，学生在看到这些词汇后，往往会模仿和使用，从而推动网络语言在校园中的传播。此外，社交媒体上的互动和分享功能也使得网络语言的传播范围更加广泛和传播速度更加迅速。

网络语言的娱乐性和趣味性吸引了年轻人的关注和使用。高职院校学生在学习之余，通常会通过网络进行娱乐和放松，而网络语言由于其生动、幽默、简洁的特点，成为他们日常娱乐和交流的重要工具。例如，年轻人喜欢使用"哈哈哈""2333"等网络用语来表达笑声，用"点赞""打call"等词汇来表示认可和支持。这些词汇不仅增加了交流的趣味性，也在一定程度上反映出年轻人的文化态度和生活方式。同时网络语言的流行还与年轻人的身份认同和群体归属感密切相关。学生通过使用特定的网络语言来表达自己对某些文化现象的认同，同时也通过这些词汇来增强与同龄人的联系。例如，某些流行的网络用语如"咸鱼"等，能够准确传达年轻人的生活状态和心理感受，使他们在交流中产生共鸣和认同感。这种语言上的共鸣不仅有助于个人身份的表达，也增强了学生群体的凝聚力。另外，校园文化活动和社团组织在网络语言的传播中也起到了积极推动作用。高职院校学生在社团和班级活动中，经常会使用网络语言来增加活动的趣味性和亲和力。例如，在社团宣传、班级聚会、校园活动等场合，学生常常会使用流行的网络用语来制作宣传海报、编写活动口号、设计互动游戏等。这些创意性的应用不仅可以活跃校园文化氛围，也促进了网络语言在学生群体中的传播和普及。

（二）学术背景

不同专业的学生在网络语言的使用上有明显的差异。工科专业的学生通常倾向使用更多技术性或行业特定的术语，这些术语不仅用于学术讨论和专业交流，也可以渗透到其日常生活中。例如，计算机专业的学生常使用"bug""debug""开源"等技术术语，甚至在非专业场合，他们也可能用这些词汇来形容生活出现中的问题和解决方法。此外，工科学生还可能会使用一些与技术发展相关的网络语言，如"5G""人工智能"等，这些词汇不仅反映了他们的专业背景，也展示了他们对行业前沿技术的关注。

与工科学生相比，文科和艺术类专业的学生在网络语言的使用上则更具创意和个性。例如，文学专业的学生可能会更频繁地使用与文学作品、名言警句相关的网络用语，他们在交流中可能会引用经典文学中的句子，或是使用一些文学性的表达方式来增加语言的美感。艺术类专业的学生则可能会更多地使用与视觉艺术、音乐、戏剧相关的网络语言，如"打call""神还原""视觉系"等，这些词汇不仅用于描述他们的专业作品，也用于表达对某些文化现象的喜爱和追捧。

不同年级的学生在网络语言的使用上存在一定的差异。低年级的学生刚进入校园，他们的网络语言使用习惯可能更多地受到中学时期的影响，较为趋同和大众化。他们倾向使用一些在中学时期已经流行的网络用语，如"学霸""学渣""摸鱼"等，这些词汇在初入大学的阶段仍然具有一定的普适性和亲和力。随着学习和生活的深入，高年级的学生逐渐形成了更加独特和专业化的网络语言使用习惯。他们不仅会使用更加专业和学术的术语，还会在交流中融入更多的校园文化元素。例如，高年级的学生在毕业季可能会使用一些与毕业相关的网络用语，如"最后一课""散伙饭""校友录"等，这些词汇不仅表达了他们对校园生活的回忆和不舍，也增强了同学之间的情感联系。同时不同学术背景的学生在网络语言的传播和接受上也展现出不同的群体特征。工科专业的学生由于课程负担较重，实践性较强，他们在网络语言的传播上往往更加注重实用性和简洁性。例如，他们在学习讨论群中，可能更倾向使用简短且高效的表达方式，以便于快速沟通和信息传递。文科和艺术类专业的学生由于学习内容较为宽泛和人文性较强，他们在网络语言的传播上更注重情感表达和文化内涵。例如，他们在社交平台上可能会分享更多的文化评论、艺术作品和文学欣赏，这些内容不仅丰富了网络语言的表达形式，也在一定程度上提升了网络语言的文化价值。

二、群体互动和影响力

（一）社团和班级影响

社团是高职院校中网络语言传播的重要场所。社团通常由兴趣相投的学生组成，他们在一起进行各种活动，如兴趣小组、学术社团、体育社团等。由于社团成员之间的关系较为紧密，且互动频繁，网络语言在这种环境中容易迅速传播。例如，动漫社团的成员可能会频繁使用二次元相关的网络语言，如"萌""宅""次元壁"等，这些词汇不仅在社团活动中广泛使用，还可能渗透到成员的日常交流中，进一步推广。同时班级作为高职院校中基本的学习单元，也是网络语言传播的主要场所之一。班级内部的同学由于课程安排和活动安排的原因，互动频繁，且大部分学习时间都在一起度过。这种高频次的互动为网络语言的传播提供了良好的条件。例如，某些流行的网络用语如"打卡""佛系""躺平"等，在班级微信群或班级活动中频繁出现，逐渐成为班级内部的"流行语"。这种语言现象不仅反映了学生的共同文化背景，也在一定程度上增强了班级的凝聚力。

小组活动是高职院校中另一种重要的互动方式，通常包括学习小组、项目小组等。小组内部的成员为了完成共同的任务，必须进行密切沟通和协作。在这种高强度的互动过程中，网络语言的使用频率较高。例如，在完成一个项目的过程中，小组成员可能会使用"上车""打卡""拖延症"等网络用语来描述项目进展和个人状态，这不仅使交流更加生动形象，也在一定程度上减轻了任务带来的压力。

网络语言具有高度的情感表达功能，能够帮助学生更好地表达自己的情感和态度。例如，"哈哈哈""2333"等网络用语能够生动地传达愉快的情绪，而"哈哈镜""吃瓜"等用语则能够表达对某些事件的关注和看法。同时高职院校中的网络语言传播也受到校园文化氛围的影响。不同院校由于地理位置、专业设置、学生背景等因素的不同，校园文化也有所差异。这些文化差异会在一定程度上影响网络语言的传播和使用。例如，艺术类高职院校的学生可能更倾向使用具有创意和个性的网络语言，而工科类高职院校的学生则可能更关注技术类和行业相关的网络用语。

（二）意见领袖的作用

意见领袖在网络语言的传播中起到引导作用。意见领袖通常是那些在某一领域或多个领域具有影响力的学生，他们可能是学生会的成员、社团的负责人，或者在社交媒体平台上拥有大量粉丝的博主或主播。这些意见领袖通过他们的言行，引导着学生的语言使用习惯。例如，意见领袖在社交媒体上的发言、在校园活动中的讲话，甚至在课堂讨论中的表现，都可能成为学生模仿和学习的对象。他们所使用的网络语言，往往能够迅速在校园内传播开来，并成为学生日常交流的一部分。

意见领袖在网络语言的传播中具有创造性。许多新兴的网络语言，特别是那些结合了当前社会热点、流行文化或校园生活特色的词汇和表达，往往是由这些意见领袖率先使用并推广的。学生普遍对新鲜事物充满好奇和接受度高，意见领袖利用这一点，通过创造和传播新词汇，满足学生对新奇语言的需求。例如，一些网络用语可能源自某个意见领袖在某次活动中的一句幽默的评论，这种评论一旦被广泛传播，就可能演变成一种新的网络语言。

意见领袖在网络语言传播中的群体特征值得关注。意见领袖往往具有较强的社交能力和表达能力，他们善于利用各种平台和渠道传播信息。例如，意见领袖可能会通过微博、微信、抖音等社交媒体平台发布内容，通过线下活动如演讲、比赛、社团活动等形式进行推广。尤其是随着短视频平台的兴起，许多高职院校学生通过制作和分享短视频，展示他们的创意和才华，同时也传播着他们所使用的网络语言。这些意见领袖通过视频的方式，将网络语言与视觉效果结合，增强了网络语言传播的感染力和影响力。

高职院校的意见领袖在网络语言传播中的另一个重要特征是他们的互动性。这些意见领袖不仅是信息的传播者，他们也是与受众互动的积极参与者。通过在社交媒体上与粉丝互动，回答他们的问题，参与讨论，他们不断强化和推广网络语言的使用。例如，一个在抖音上拥有大量粉丝的学生，通过直播与粉丝互动，在交流中使用网络语言，这些语言通过互动的方式，被更多的学生所接受和模仿。

第三节　高职院校网络语言传播的时间规律

一、兴起阶段

（一）事件触发

高职院校学生经常参与各种社交媒体平台上的挑战活动，如抖音上的舞蹈挑战、快手上的搞笑挑战等。这些挑战活动通常伴随着特定的动作、表情或口号，学生在参与挑战的过程中会创造或采用新的网络语言和梗。例如，某个具有独特动作的舞蹈挑战可能会衍生出一些特定的表达方式或口头禅，这些内容往往会在挑战参与者中快速传播，并被扩展到更广泛的学生群体中，形成短期内的流行现象。同时热门视频和流行歌曲也是网络语言传播的重要触发事件。一些热门视频如搞笑视频、情感短片或知识分享视频，以及流行的歌曲和音乐视频，往往会成为学生共同关注和讨论的对象。这些视频和歌曲中常常包含一些新奇的表达方式或独特的语言风格，如一段有趣的对话、情感表达或者歌词中的梗，这些内容往往能够迅速在学生中间引发共鸣。

大型活动和重要节日是网络语言传播的重要时间节点。例如，校园内举办的校庆活动、体育赛事或文化节，以及春节、清明节等重要节日，往往会成为学生集中讨论和传播网络语言的时机。在这些活动和节日期间，学生通过参与各类比赛、表演或庆祝活动，不仅表达个人情感和创意，也可以通过各种媒体平台分享和传播自己的经历和感受。例如，一些特定的比赛项目、活动表演或庆祝方式，往往会衍生出一些新的网络语言和文化表达，通过学生的积极参与和互动，迅速在校园内形成流行。同时媒体内容的更新和热门话题的讨论也会影响到网络语言的传播速度与流行程度。高职院校学生经常关注新闻事件、娱乐八卦、科技前沿等热门话题，这些内容在社交媒体和网络平台上的讨论往往伴随着大量新的网络用语和流行梗的产生及传播。例如，某一重大新闻事件可能会衍生出特定的表达方式或口头禅，学生通过各种媒体渠道迅速了解并传播这些内容，从而使得相关网络语言在短时间内在校园内广泛流行。

（二）时间窗口

学生对新奇和独特的事物往往表现出较高的兴趣和关注度。例如，一些新发布的社交媒体挑战、流行的短视频或音乐作品，如果具有引人入胜的特点和创新的表达方式，往往就能够在短时间内引起学生的广泛关注和参与。这些内容不仅通过媒体平台迅速传播，也在学生群体中形成短期内的流行现象，促使相关的网络语言迅速在校园内扩散。同时事件或话题的吸引力和社会热度对网络语言兴起的速度也有重要影响。一些涉及时事热点、社会关注度高的事件或话题，往往能够迅速引发学生的讨论和反应。例如，某一重大新闻事件、明星八卦、科技进展或流行文化现象，既可能在社交媒体上引发大量的讨论和分享，相关的网络语言和梗也会因此在学生中间快速传播。这种社会热度的影响使网络语言的兴起阶段更具有爆发性和突发性，成为校园内短期内被关注的焦点之一。

学生群体的参与和传播力量是网络语言快速兴起的重要推动力量。学生常常通过社交媒体平台和面对面的交流，快速分享和传播他们感兴趣的内容和表达方式。一旦某一网络语言在学生中间开始流行起来，通过社交网络的快速传播，它就可以在短时间内迅速扩散到更广泛的学生群体中。学生的群体效应和集体行为使得网络语言在兴起阶段具有更大的传播力与影响力，从而加速了其在校园内的传播速度。同时媒体平台的推动和算法效应也对网络语言兴起阶段起到了重要作用。社交媒体平台如抖音、快手、微博等通过其推荐算法和热门排行榜，往往能够快速将新兴内容推送给广大用户，引发用户的点击和分享，进而加速内容和相关网络语言的传播。这些平台的推动力量使得网络语言的兴起不再局限于个别社交圈子，而是能够迅速在整个校园内部形成共识和流行，形成一种短期内的社会文化现象。

二、稳定期

（一）社群内固化

特定社群内网络语言的固化通常源自其在流行阶段的高频使用和广泛认同。在高职院校的不同社群中，如学生社团、班级小组或特定兴趣小组，学生经常在共同的活动和话题中形成紧密的群体文化。一些网络语言由于其独特的表达方式或特定事件的关联，可能在这些社群中得到频繁使用和推广。例如，某个社团内部流行的口头禅、特定的梗或表达方式，往往会在成员之间迅速传播并被广泛接受，逐渐成为社群内部的共享文化符号。网络语言在特定社群内固化的过程受到社会认同和身份认同的影响。高职院校学生通常在加入社群或组织时，会寻找与自己兴趣和身份相关的群体，以建立归属感和社会关系网络。在这些社群中，一些网络语言因其与社群共同价值观或特定活动紧密相关，能够更容易地被成员接受和内化。例如，某个志愿服务团体不仅可能会因其强调团结与奉献精神而形成独特的语言风格，其中的网络语言也会与其价值观和使命相一致，进而在团体内部固化成为重要的文化符号。

网络语言固化的过程会受到社群内部交流和传承的影响。在高职院校学生社群中，传统的口口相传和面对面的交流方式仍然是网络语言固化的重要机制。学生在日常的活动和互动中，通过言语和行为的模仿、表达和反复强化，逐渐形成共同的语言习惯和文化记忆。例如，某个班级内部经常进行的团队建设活动或学术讨论会，学生会在互动中创造和分享一些独特的网络语言及梗，这些内容随着时间的推移逐渐在班级内部固化和流传。同时媒体和数字平台的支持也促进了网络语言在特定社群内的固化和传播。随着社交媒体和在线群组的普及，学生不仅可以通过文字和图片分享网络语言，还能够通过音视频等多媒体形式加强语言表达的生动性和参与感。例如，某个学术研究团队可能会在其专属的在线平台上分享研究进展和创新成果，通过特定的网络语言和表达方式不仅可以强化团队凝聚力与合作氛围，这些内容也会因其在线平台的传播而在团队内部得到固化和传承。

（二）持续时间

网络语言流行期间的持续时间受到语言本身特性的影响。一些网络语言因其独特的表达方式、幽默感或者与当下热点事件的关联而具有较高的吸引力和表达效果，因此在学生中间可能迅速传播并持续一段时间。例如，某些具有戏剧性表达或多重含义的网络梗，由于其可以适应不同情境和话题的特性，可能在短时间内成为热门话题并持续流行。同时网络语言流行期间的持续时间也受到使用者的接受程度和参与度的影响。学生群体对网络语言的接受程度和积极参与度决定了网络语言传播的深度与持久性。如果一个网络语言能够迅速被广泛接受和使用，学生就会通过日常的社交互动和在线平台的传播加强其流行程度，从而延长其在校园内的流行时间。相反，如果某一语言虽然有趣但未能引起大多数学生的共鸣和参与，其流行期可能就会相对较短。

外部环境的影响因素会对网络语言流行的持续时间产生影响。例如，某一重大事件或社会现象的发生可能会迅速改变学生的关注点和话题选择，从而导致先前流行的网络语言迅速被新的话题所替代。在这种情况下，网络语言的流行期可能会因外部环境的变化而提前结束或被淡化。同时媒体平台和数字技术的进步也加速了网络语言流行期间的变化和延续。随着社交媒体的普及和在线社群的扩展，学生不仅能够更快速地分享和传播新兴的网络语言，同时也更容易跟随和参与到流行语言的更新换代中。这种数字化环境下传播速度的增加和覆盖范围的扩大，使得网络语言的流行持续时间可能会相对缩短，因为新的语言和梗能够更快速地被替代与更新。

第四节　高职院校网络语言传播的地域特征

一、文化背景和地方特色

（一）地方性流行语

不同地区具有独特的文化氛围和社会特色，这些因素不仅塑造了当地学生群体的价值观和行为习惯，也影响了他们对网络语言的接受度和传播方式。地域特征影响了网络语言在高职院校中的地方性流行。不同地区的学生群体由于受到地方文化和语言环境的影响，往往具有自己独特的语言表达方式和口头禅。例如，在某些地方性的方言区域，学生可能会将地方方言或俚语融入网络语言中，形成具有本地特色的网络梗和表达方式。这些地方性流行语言不仅反映了地区文化的传承和认同，也在学生群体中形成了一种独特的语言社群。

地域特征影响了网络语言在高职院校内的传播速度和广度。在某些地方性较强的地区，由于地域文化和社交网络的紧密结合，学生更容易接受和传播具有地方特色的网络语言。例如，某个地区的学生可能会更频繁地使用当地特有的俚语或者与地方文化相关的表达方式，这些语言元素能够迅速在校园内形成共识和流行，扩展到更广泛的学生群体中。同时地域特征还影响了网络语言的话题选择和内容表达。学生往往会根据地域特有的社会事件、地方文化节庆或者当地独特的生活经历，选择和创造符合地方特色的网络语言内容。这种地域性的内容选择和表达方式，不仅能够增强学生群体的归属感和身份认同，也在语言传播过程中增添了地方文化的色彩和魅力。另外，地域特征还影响了网络语言在高职院校中的传播形式和平台选择。在一些地域性强的区域，如某些特定的省份或城市，学生可能会倾向使用当地流行的社交媒体平台或在线论坛，这些平台不仅能够提升语言内容的传播效果，还能够进一步强化地方性网络语言的流行程度和影响力。例如，某个地区的学生可能会在当地特有的微信群或论坛上分享和传播具有地方特色的网络梗和表达方式，这些内容能够更快速地被地方学生群体接受和推广。

（二）方言和口音

地方方言和口音作为地域文化的重要组成部分，不仅反映了当地人民的语言习惯和社会背景，也在学生群体中塑造了独特的语言特色和交流模式。地方方言和口音对网络语言表达方式的影响体现在语言的地域化和本土化。在不同地区，由于地方方言的存在，学生可能会将当地独特的词汇、语法结构或语音特点融入网络语言中。例如，在某些方言区域，学生可能会使用特定的方言词汇或语音模式来表达特定的情感或态度，这些语言元素能够赋予网络语言更加地域化和本土化的特征，增强学生群体的文化认同感和归属感。地方方言和口音对网络语言使用习惯的影响在于语言的流畅度和可接受性。来自不同地区的学生可能会因为地方方言或口音的存在而在语言表达上有所差异。一些方言区域的学生可能会更倾向使用当地习惯的表达方式和语音特点，而这些表达方式可能在跨地域交流中产生理解障碍或引起注意。因此，地方方言和口音的存在不仅丰富了网络语言的表达形式，也在一定程度上提高了跨地域和跨文化交流的语言理解与适应能力。

地方方言和口音会影响网络语言在高职院校学生的社交认同和群体归属。学生可能会通过特定的方言词汇或语音模式来加强内部群体的凝聚力和互动性。例如，某个方言区域的学生社团或班级小组可能会在日常交流中使用当地特有的网络梗或口头禅，这些语言元素不仅有助于加深成员之间的互动和理解，还能够强化群体的身份认同和社会关系网络。地方方言和口音对网络语言的传播速度和广度也产生影响。然而，一些具有地域特色的网络语言可能在特定地区更容易被接受和传播，而在其他地区可能需要适应和调整。这种地域性的传播特征使得网络语言在不同地区的流行程度和持久性存在差异，反映出地方文化和社会背景在语言传播中的重要作用。

二、地理和经济因素

（一）城乡差异

城市和农村地区的学生在社交媒体使用习惯和文化影响下展现出明显的差异，这种差异不仅影响着他们的日常交流和行为习惯，也在一定程度上塑造了网络语言的传播方式和地域特征。城市和农村地区的学生在社交媒体使用习惯上存在显著差异，这直接影响了网络语言的传播和接受程度。在城市地区，学生通常更容易接触到高速互联网和先进的数字技术，他们对各类社交媒体平台的使用频率和广度较高。城市学生可能更倾向使用流行的社交媒体应用，如微信、微博、抖音等，通过这些平台快速传播和分享最新的网络语言与梗。相比之下，农村地区的学生可能由于网络覆盖不足或者技术设施落后，社交媒体使用的普及率和频率不仅较低，这也会影响网络语言在该地区的传播速度和广度。

城市和农村地区的文化影响会对网络语言的地域特征产生影响。城市地区由于经济、文化资源和信息的密集性，学生更容易接触到多元化的文化内容和全球化的潮流趋势，这些因素促进了城市网络语言的多样化和开放性。城市学生可能更倾向参与到全球性的网络文化中，使用国际通用的网络语言和梗，这些语言元素不仅具有全球通用性，也在城市学生群体中形成了一种共享的文化语境。农村地区的学生则可能更多地受到本地区域特有的传统文化和习俗的影响，他们在网络语言的使用中可能更偏向传承和弘扬当地特有的语言风格和文化符号。同时城市和农村地区学生在语言表达方式上也存在差异，这直接影响了网络语言的地域特征和传播方式。城市学生可能更习惯使用流行的网络词汇、缩略语和表情符号来简洁明了地表达自己的观点和情感，这些表达方式在社交媒体上往往更具有传播力和感染力。农村地区的学生可能更偏好使用传统的语言表达方式和本地方言，这些表达方式虽然在地方性社群中具有较高的可接受性和认同感，但在跨地域交流中可能需要适应和理解的时间。城市和农村地区学生在网络语言传播中的参与度和活跃度也不尽相同。城市学生由于生活在信息化和城市化程度较高的环境中，他们更容易接触到最新的网络语言内容和梗，并且通过积极参与和传播活动，促进了网络语言在城市中的流行和更新。相比之下，农村地区的学生可能会因为信息获取的限制或文化保守的影响而在网络语言的创新和传播上表现出相对较低的活跃度和参与度。

（二）经济发展水平

经济发展水平直接影响了高职院校学生技术设备的普及率。在经济发达地区，学生通常能够更容易地获取到最新的智能手机、电脑和其他数字设备，这些设备不仅具备更高的性能和更广泛的功能，也能够更好地支持各类社交媒体应用的使用和网络语言的传播。相比之下，经济欠发达地区的学生可能面临技术设备获取的困难和成本压力，他们的智能手机型号可能较老旧，网络设备可能性能不足，这些因素限制了他们在网络语言传播中的参与度和活跃度。

经济发展水平的高低将对学生的网络接入条件产生直接影响。学校和社会基础设施的建设相对完善，学生就能够更便利地接入稳定快速的互联网网络，这为他们的在线学习、社交媒体使用和网络语言传播提供了良好的技术支持与条件保障。在经济欠发达地区，由于网络基础设施的不足或者网络覆盖范围的限制，学生可能面临网络速度慢、连接不稳定甚至无法接入网络的情况，这些问题直接影响了他们在社交媒体平台上参与和网络语言传播的积极性和效果。同时经济发展水平还会影响学生的社交媒体使用习惯和参与度。由于信息获取的便利性和社交媒体平台的广泛应用，学生通常可以更活跃地参与到各类社交媒体活动中，包括分享内容、评论互动和传播网络语言等。这些活跃的参与行为不仅推动了网络语言的快速传播和更新，也促进了社交媒体平台作为信息传播和文化交流的重要载体地位的进一步巩固。相比之下，经济欠发达地区的学生可能由于信息获取的限制或者文化传统的影响，对社交媒体的使用和网络语言的传播参与度相对较低，这限制了网络语言在该地区传播的深度和广度。

第九章
高职院校网络语言传播的管理与规范

第一节　高职院校网络语言传播的管理现状

一、政策和规定

（一）存在性和内容

随着社交媒体和数字平台的普及，学生在网络上的言行举止不仅影响个人形象，也直接关系到校园文化的健康发展和学术环境的良好维护。因此，许多高职院校制定了具体的网络语言使用政策和管理规定，旨在规范学生在网络空间中的表达和互动，防范出现不当言论、网络暴力以及其他不适当的表达形式。高职院校的网络语言管理政策通常涵盖言论规范和行为准则。这些政策旨在引导学生在网络平台上进行文明、理性交流，避免使用辱骂、诽谤、歧视性语言或者其他可能引发争议和冲突的言辞。这些管理规定明确禁止发布不当言论、传播虚假信息或者侵犯他人隐私的行为，并对违规者进行相应的纪律处分或教育引导。

高职院校的网络语言管理政策强调对网络暴力和不当行为的严格管理。网络暴力是当前网络社会面临的严重问题之一，包括言语霸凌、网络谣言传播等形式。为了维护校园内的安全和秩序，学校通常会禁止任何形式的网络暴力行为，并设立相应的投诉举报渠道和处理机制，及时应对和处理涉及的问题。同时高职院校的网络语言管理政策也关注到学生在网络空间中的言论自由和负责任使用之间的平衡。尊重学生的言论自由是现代高等教育的重要原则，然而，学生在表达意见和观点时也需要意识到自己言行所产生的影响和社会责任。因此，学校的管理规定通常会鼓励学生在网络平台上展现积极向上的形象，避免参与到可能引发负面影响的言论和行为中去。管理政策的实施不仅限于学生，高职院校的教职员工也被要求遵守相应的网络语言管理规范。教职员工作为校园文化的重要组成部分，其在网络上的言论和行为同样会影响到学校的形象和声誉。因此，学校需要对教职员工的网络使用行为进行监督和管理，确保他们的言行符合学校的价值观和行为准则。

（二）更新和适应性

随着技术的迅速发展和社会的变迁，网络语言不断涌现出新词汇、新梗，并伴随有不同的社会文化现象和语言使用趋势。因此，学校需要确保其管理政策能够及时回应这些变化，保持其有效性和适应性。高职院校的管理政策需要定期审查和更新。通过定期审查现有政策，学校可以识别和解决存在的问题、新兴的网络语言现象以及社交媒体平台上的新兴趋势。更新的政策不仅涉及具体的言论规范和行为准则，还包括技术设备使用政策、信息安全管理措施等方面的内容，以确保学生和教职员工在网络空间中的安全与合法性。管理政策需要具备足够的灵活性和适应性。随着新技术的应用和新社交媒体平台的兴起，网络语言的传播和使用形式也在不断变化。学校的管理政策应当能够灵活应对不同平台上出现的不同语言现象和特点，同时能够把握言论自由与管理规范之间的关系。

管理政策的更新需要结合相关法律法规和社会文化背景。随着法律法规的变化和社会文化价值观的更新，学校的网络语言管理政策也需要相应地进行调整和完善。例如，对网络暴力、侵犯隐私等行为的监管可能会随着社会对个人信息保护意识的提高而进行相应的修订，以更好地保护学生和教职员工的合法权益。同时管理政策的更新也需要与校内各方面进行广泛沟通和协商。学校管理者应当充分听取学生、教职员工和家长等相关利益相关者的意见和建议，确保更新后的政策能够得到广泛的认可和支持，同时也能够有效地落实到校园生活和教育管理中。学校可以通过持续的教育培训和信息宣传活动来促进管理政策的有效遵守并实施。通过定期举办网络安全文明上网等主题的讲座、研讨会和培训课程，学校能够增强学生和教职员工的网络意识和法律法规意识，提升他们在网络语言使用中的自律和责任感，从而有效地减少违规行为的发生。

二、监管和反馈机制

（一）监管措施

高职院校通常制定具体的网络使用政策和行为准则。这些政策明确规定学生在社交媒体平台上的言行规范，包括禁止发布不当言论、传播虚假信息、侵犯他人隐私或者涉及人身攻击等行为。政策的制定通常结合了学校的主流价值观和法律法规的要求，旨在保障学生在网络空间中的合法权益和社会责任感。学校可以通过采取技术手段对学生在社交媒体上的行为进行监控和检查。这包括但不限于监测学生的社交媒体账号、关注学生在网络上的发言和行为以及针对网络暴力、不当言论等行为的实时监控。监控手段通常包括使用专门的监控软件或者依托网络平台提供的监控功能，以便学校能够及时发现和处理涉及的问题与违规行为。

学校可以设立专门的部门或者委员会负责网络语言使用的监管和管理。这些部门或委员会由专业人员组成，负责制定和执行网络语言管理政策、处理学生的投诉举报以及对涉嫌违规行为的调查和处理。通过建立专门的监管机构，学校能够更加有效地协调和管理校园内的网络语言使用与行为规范，保障校园安全和秩序的稳定。同时学校还可以通过教育和宣传活动加强学生对网络语言使用规范的认知与理解。

（二）投诉处理

处理学生对不适当网络语言使用的投诉或举报是维护校园秩序和学生权益的重要环节。针对投诉的处理需要遵循严谨的程序和公正的原则，同时采取适当的处罚和纠正措施，以确保校园网络环境的健康和学术氛围的良好。高职院校通常会设立专门的投诉举报渠道和机制。学生可以通过学校指定的在线平台、电子邮件、电话或者书面投诉的方式，向相关部门或委员会举报涉及不适当网络语言使用的行为。学校要确保投诉渠道的透明性和保密性，保护投诉人的隐私和权益。一旦接收到投诉，学校就会进行及时的调查和核实。学校应成立专门的调查组或委员会，由专业人员负责对投诉内容进行分析和调查，了解事件的具体情况、相关证据和涉及方的陈述，以确保决策的客观性和公正性。

根据调查结果和相关证据，学校将采取适当的处罚和纠正措施。这些措施可能包括但不限于口头警告、书面警告、处分通报、行为指导、社会实践等，具体根据违规行为的性质和严重程度来确定。对严重违规的学生，学校可能会考虑给予停课、记过处分甚至开除学籍等严厉处罚，以示对违规行为的严肃态度和警示作用。同时，学校也会重视纠正措施的实施和效果监督。在给予处罚的同时，学校会对涉事学生进行行为教育和心理辅导，帮助其认识到违规行为的严重性和后果，引导其改正错误、自我约束，重新融入学术和社会生活中。同时学校还会关注投诉处理过程中的公平性和透明度。学校可以向投诉人和涉事学生公布处理结果，并接受相关方的意见和建议。通过公开透明的投诉处理机制，学校能够增强学生和社会各界对其管理工作的信任与支持，进一步维护校园的稳定和谐。

第二节　高职院校网络语言传播的规范策略

一、鼓励积极健康的网络语言文化

（一）正面引导和奖励

高职院校可以设立奖励制度来表彰和奖励积极健康的网络语言使用案例。例如，设立"网络文明奖"或者"网络语言创新奖"，每学期或每年评选出一定数量的优秀案例，并给予获奖者奖金、荣誉证书或者特别表彰。这种奖励不仅可以激励学生在网络语言表达中注重文明和礼仪，还能够树立学生的典范榜样，影响更多同学自觉遵守网络使用规范。学校可以通过校园媒体和官方社交平台宣传和展示积极健康的网络语言使用案例。定期发布优秀案例的报道和采访，分享他们的成功经验和倡导正能量的言论，引导更多学生关注和学习积极的网络语言。同时，学校可以邀请优秀案例的学生参与校园活动或者演讲，分享他们的见解和经验，进一步推动校园网络语言的规范化和发展。

学校可以组织和开展网络语言文化建设的主题活动和比赛。例如，举办网络语言创意作品展示活动、网络文化知识竞赛或者网络文明演讲比赛等，鼓励学生通过创作和表达来展示他们的文明素养和创新能力。活动不仅可以提升学生的语言表达能力和创造力，还能够增强他们对网络语言规范的认同感和遵循意识。同时学校还可以将网络语言规范纳入课程教学和学生活动中。通过课堂教学、学生社团活动或者校园文化节庆等平台，引导学生学习和运用正确的网络语言表达方式，增强他们的语言规范意识和自我约束能力。通过多种形式和途径的综合推广，学校能够全面提升学生的网络语言素养，有效引导和管理校园网络语言的发展方向。

（二）倡导创意表达

通过鼓励和引导学生积极参与社交媒体，展示创意和正面价值观，学校可以有效塑造校园网络语言的积极形象，提升学生的社会责任感和创造力。学校可以通过课程教育和教育活动，引导学生学习和运用创意表达方式。例如，设立创意写作课程或者创意设计工作坊，教授学生如何在社交媒体上创作吸引人的内容，如何运用图文并茂、视频剪辑等技巧进行创意表达。通过专业指导和实践训练，学生能够掌握有效表达技巧，提升他们在网络平台上的影响力和表达能力。学校可以组织创意表达比赛或者展览活动，激励学生展示他们的创意作品和正面表达方式。例如，举办创意视频大赛、网络摄影展览或者社交媒体短视频创作比赛等，鼓励学生通过创意作品传递积极正能量，促进社交媒体上良好的互动和言论环境的形成。这些活动不仅能够提升学生的创作技能，还能够增强他们的团队合作能力和创新精神。

学校可以建立平台和资源支持，帮助学生有效展示他们的创意作品和正面表达方式。例如，提供专门的社交媒体账号或者网页平台，用于学生发布和分享创意内容；提供专业的摄影、视频剪辑设备和软件，支持学生进行高质量的创意制作。通过这些平台和资源的支持，学生能够更加自由地表达和展示自己的创意想法，同时也能够吸引更多学生参与到积极的社交互动中来。同时学校还可以邀请事业成功的校友或社会精英分享他们在社交媒体上的创意表达经验和成功案例，鼓励学生从实际经验中学习和借鉴。通过校友讲座、行业论坛或者就业培训等形式，学校能够激发学生的创造力和创新潜力，引导他们在社交媒体上展现积极健康的表达风格和价值观。

二、宣传和沟通

（一）政策宣传

通过校园广播、社交媒体平台和学生会等多渠道广泛宣传学校的网络语言使用的政策和规定，是确保学生遵守规范、维护校园网络环境秩序的重要策略。通过有效宣传和教育，学校能够增强学生对规范的认识和遵守意识，促进良好的网络语言文化建设和校园社区的和谐发展。学校可以利用校园广播系统广泛宣传网络语言使用政策和规定。校园广播是一个直接覆盖全校师生的传播平台，可以定期播放关于网络语言规范、不当言论警示、正面表达案例等内容。通过设立固定的播音时间和主题节目，学校能够定期向师生群体传达有关网络语言使用的最新政策和指导，引导学生正确理解和遵守学校规定。学校可以通过社交媒体平台扩大网络语言规范宣传的影响力。大多数高职院校都设有官方的社交媒体账号，如微博、微信公众号等，这些平台是学校与学生、教职员工沟通的重要桥梁。学校可以在这些平台上发布关于网络语言使用的宣传文章、宣传视频或者校园文化活动报道，强调正确的网络语言表达方式和积极的社交互动方式，引导学生在网络平台上建设文明和健康的交流环境。

学校的学生会和其他学生组织可以成为网络语言规范宣传的重要渠道。学生会可以组织网络语言规范宣传周、主题讲座或者座谈会，邀请相关专家或学长学姐分享经验和观点，提升学生对网络语言规范的认知和理解水平。此外，学生组织还可以通过校内活动和社团联盟合作，开展以网络语言规范为主题的文化节庆、比赛展览等活动，引导学生积极参与和践行良好的网络语言使用行为。除了以上几点，学校还可以在新生入学教育、学期初的班会或者导师制度中，特别强调网络语言使用的重要性和规范要求。通过系统化的教育和引导，帮助新生迅速适应校园网络环境，理解并遵守学校的网络语言使用政策，从而建立起正确的网络语言价值观和行为准则。

（二）透明沟通

通过与学生、教职员工和家长建立紧密的沟通联系，学校能够有效地传达和解释网络语言政策、规定及其实施情况，增强他们的参与感和理解力，进而促进校园网络语言的规范化和良好发展。学校可以利用多种沟通方式与学生建立起密切联系。例如，定期举行学生代表会议或者开放式座谈会，邀请学生代表就网络语言管理政策提出意见和建议。通过直接面对面的交流，学校能够及时了解学生的关切和需求，调整和优化网络语言管理策略，提升学生对规范的认同感和遵守意识。学校可以通过电子邮件、学校网站和社交媒体等在线平台向教职员工传达网络语言管理政策和实施情况。定期发布管理政策的更新通知和指南，解答教职员工在实际工作中遇到的问题和疑虑，确保他们能够清晰地理解和执行相关规定。同时，学校还可以设立专门的在线反馈渠道，让教职员工能够随时提出意见和建议，促进管理政策的持续改进和优化。

学校应当重视与家长的沟通与合作。家长作为学生的监护人和教育支持者，他们对学校网络语言管理政策的理解和支持至关重要。学校可以定期举行家长会议或者发布家长通信，介绍网络语言管理政策的内容和重要性，强调学校对学生网络行为的监督和指导作用，鼓励家长与学校保持密切联系，共同关注学生在网络空间中的安全和行为规范。同时学校还可以通过校园媒体、校友网络和校内活动等渠道，加强对整个社区的透明沟通和宣传。例如，定期在校园内举办网络语言管理政策宣讲会或者展览活动，向广大师生和社区成员展示学校的管理政策与规范实施成果，引导他们共同关注和参与到网络语言文化建设中来。

第三节　高职院校网络语言管理的措施

一、制定明确的管理政策和规定

（一）课堂上的语言使用

学校需要明确并实施相应的网络语言管理措施，以确保学生在课堂上使用正式、清晰的语言表达观点和思想，同时避免粗俗、侮辱性或歧视性语言的使用。课堂是学术讨论和知识交流的重要场所，学生应当被鼓励和要求使用规范的专业术语和表达方式。教师在课堂上可以通过示范和引导，强调语言的准确性和适当性。例如，在讲解学科知识和案例分析时，教师可以展示如何使用专业术语来准确描述概念和现象，激发学生对学术内容的兴趣和理解。学校需要明确禁止在课堂上使用粗俗、侮辱性或歧视性语言。这些语言的使用不仅会影响课堂秩序和学术氛围，还可能造成他人的情感伤害和社会不良影响。通过制定明确的行为准则和学生行为规范，学校可以强调尊重和公平的价值观，要求学生在任何情境下都要遵守基本的社会礼仪和语言规范。

教育管理措施应包括对网络语言使用的教育和指导。通过课堂讨论、小组活动和个案分析，教师可以与学生共同探讨网络语言与正式语言之间的差异，以及在不同社交环境中的适用性。这种实践有助于学生提高语言选择的敏感性和自我管理能力，培养他们在职场和社交场合中的成熟表达能力。学校可以建立和维护在线平台或学术交流平台，用于学生课后讨论和知识分享。通过在线平台的监督和管理，学校可以进一步引导学生在虚拟环境中使用规范和适当的语言，避免出现不当或冒犯性言论，从而保持良好的学术和社交秩序。定期的评估和反馈机制是有效管理网络语言使用的关键。学校可以通过学生反馈、教师观察和课堂效果评估，检视和调整语言管理措施的实施效果。及时的反馈和调整能够帮助学校更好地适应不断变化的语言使用环境与学生需求，确保教育管理措施的持续有效性。

（二）管理和监督措施

在高职院校实施网络语言管理的措施，需要建立专门的语言管理委员会或部门来负责监督和执行相关政策，以保障校园内正式场合语言的规范和适当使用。这样的举措不仅有助于维护良好的学术环境和社交秩序，还能够促进师生对语言规范的认知和理解，提升整体教育质量和校园文化氛围。设立专门的语言管理委员会或部门是实施有效语言管理的基础。这个委员会或部门由学校的教务处、学生事务处和相关学术部门联合组成，负责制定和更新网络语言管理政策，并监督其在校园内的执行情况。委员会的成员包括语言教育专家、学术督导和学生代表，他们共同制定针对不同场景和需求的语言使用准则，确保规范的语言在课堂、学术交流和公共活动中得到恰当的应用。定期组织培训和研讨会是提升师生语言规范认知和理解的重要途径。委员会可以制订针对教职员工和学生的培训计划，包括课堂教学中的语言管理技巧、正式文件和学术论文的书面表达要求，以及公共演讲和社交互动中的语言礼仪指导。这些培训活动不仅可以提升师生的语言能力和沟通技巧，还可以帮助他们意识到语言选择对学术和职业发展的重要性，从而增强他们在校园内外的语言自觉性和社会责任感。

委员会或部门应当建立有效的监督和反馈机制。通过定期的语言使用审核和学术作品检查，委员会可以评估和跟进师生在语言规范方面的表现，发现和纠正潜在的问题与不当言论。同时，通过建立匿名举报渠道或在线投诉平台，学生和教职员工可以及时报告发现的语言不当使用情况，促进校园内部的良好治理和交流环境。除了日常管理和培训，委员会还应当积极参与国内外相关研究和学术交流。通过与其他高等教育机构的合作和经验分享，委员会可以借鉴和引进先进的语言管理实践，不断优化和完善本校的语言管理政策与措施，以适应快速变化的社会语言使用环境和学术需求。为了提升整体语言管理效果，委员会还应定期进行绩效评估和政策调整。通过收集和分析师生的反馈意见，委员会可以识别出存在的问题和改进建议，及时调整和优化语言管理政策，以确保其与学校发展和学术需求的一致性。

二、设立监督和评估机制

（一）设立专门的监督机构或委员会

网络语言管理委员会或专责小组的成立需要明确其职责和目标。委员会的成员通常包括教职员工、学生代表和管理人员，他们共同制定监督和评估策略，确保语言管理工作的有效执行。委员会应当制定详细的工作方针和操作流程，明确监督的频率、评估的标准以及结果的反馈和改进措施。委员会或专责小组可以通过定期的会议和工作坊，讨论和分析学校内部的语言使用现状和问题。例如，定期收集和分析学生和教职员工的反馈意见，识别可能存在的语言管理挑战和改进空间。这种基于数据和实时反馈的方法，有助于委员会及时调整监督策略和管理措施，以应对校园内不同场景和群体的语言需求。

委员会可以制定并推广具体的语言管理政策和行为准则。这些准则应涵盖课堂教学、学术交流、官方文件、社交媒体使用等多个场景，明确禁止或限制不当的语言使用行为，如粗俗语言、侮辱性言论或歧视性语言。同时，委员会还可以制定奖惩机制，鼓励遵守准则的良好语言表达实践，并对违规行为进行纠正和教育。除了管理和政策制定，委员会还承担着教育和指导的角色。通过组织语言规范使用的培训课程和工作坊，委员会可以提升师生的语言意识和管理能力。例如，针对教师的培训可以包括如何在课堂教学中引导学生使用规范的语言表达，而针对学生的培训则可以帮助他们理解不同语言风格的适用场景和影响，培养正确的语言选择和社交交往能力。委员会或专责小组需要建立有效的监督和反馈机制。通过定期的语言使用审核和行为观察，委员会可以评估学校语言管理政策的实施效果，并及时发现和处理可能存在的问题和挑战。同时，通过与其他高等教育机构的交流和经验分享，不断优化和完善本校的语言管理策略。

（二）提供及时的反馈和纠正措施

委员会或专责小组应根据定期的语言使用审核和评估结果，向相关部门和个人提供详细的反馈报告。这些报告应当清晰地指出存在的语言管理问题，如违反准则的具体情况、频率和影响等，同时提出改进建议和下一步的行动计划。通过透明和及时反馈，学校可以建立起有效的沟通机制，让所有相关人员了解到自己在语言使用上的表现和影响。针对违规行为，委员会或专责小组应制定相应的纠正措施，并根据违规情况的严重程度采取适当的处置措施。例如，针对较轻微的语言不当使用，可以通过口头警告、个别教育谈话或书面通知进行纠正，督促相关人员改正错误，避免类似问题再次发生。对严重或持续性的违规行为，如粗俗语言、歧视性言论或重复违规，委员会可以考虑采取更严厉的纪律处分措施，如正式的书面警告、学业或社会活动的限制等，甚至可能的学术惩罚或行政处分，以示警示和教育效果。

为了确保纠正措施的有效性和公正性，委员会或专责小组应当遵循明确的程序和标准。这包括确保所有处置决定都是基于事实和证据，充分尊重相关人员的申辩权和辩解机会。在实施纠正措施时，应当考虑到个体情况的差异性和教育改正的目的，同时注重教育性质，帮助违规者理解错误的严重性，引导其未来的行为更加规范和负责任。同时委员会或专责小组还应当定期评估和调整纠正措施的执行效果。通过跟踪违规行为的再次发生率和相关人员的反馈意见，评估纠正措施在预防和改善语言管理方面的实际效果。根据评估结果，委员会可以及时调整政策和措施，进一步强化语言管理的预防和教育效果，确保校园语言环境的长期健康和稳定。

三、技术支持和管理工具

（一）网络过滤系统

网络过滤系统的部署能够有效识别和屏蔽包含不适当语言或内容的

网页、社交媒体帖子等。这些系统通过预设的过滤规则和关键词库，自动检测并过滤粗俗语言、侮辱性言论、歧视性内容等不良信息，从而减少这些内容对师生学习和生活的负面影响。例如，系统可以针对常见的网络暴力、诽谤性言论或色情内容进行监测和拦截，保障校园内的信息安全和师生的心理健康。网络过滤系统可以根据学校制定的网络使用政策和管理准则进行定制设置。这些设置可以包括根据不同用户群体（如学生、教职员工等）的不同需求和权限，调整过滤的严格程度和范围。例如，对学生群体而言，可以设置更为严格的过滤规则，以确保他们在使用校园网络时不会接触到不良或不适当的内容；对教职员工而言，可以根据其教学和研究需要，适度放宽过滤策略，以保证教学和学术交流的顺畅进行。

网络过滤系统的部署有助于提升校园网络的安全性和稳定性。通过阻止恶意软件、网络钓鱼等网络攻击，系统能够有效防范信息安全风险，保障学校重要数据和信息的安全性。这对一个高度依赖互联网和信息技术的现代高职院校来说，是确保教学、科研和管理工作顺利进行的重要保障措施。除了技术层面的过滤功能，学校还应定期更新和优化网络过滤系统的过滤规则和技术手段。随着网络语言使用形式的不断变化和新兴网络内容的涌现，系统需要及时调整和升级其过滤能力，以应对新的语言挑战和内容风险。定期的系统维护和更新，不仅能够保证系统的高效运行，还能够提升其对复杂网络环境的适应能力和应对能力。同时学校在部署网络过滤系统时，还需重视用户教育和意识培养。尽管过滤系统可以有效阻止大部分不良内容的传播和接触，但教育师生如何正确使用互联网和社交媒体，提高他们的网络素养和信息判断能力同样重要。学校可以通过组织网络安全意识教育讲座、举办信息素养培训课程等方式，帮助师生建立正确的网络使用观念和行为规范，共同维护良好的校园网络环境。

（二）语言检测工具

语言检测工具可以自动检测和修正文本中的语法错误和拼写错误。尤其是在学术写作和正式文件撰写过程中，这些工具能够帮助学生和教职员工快速发现并改正常见的语法与拼写问题，提升文档的专业性和可读性。通过及时的语法检查和纠正，可以减少因语言使用错误而引发的误解和沟通障碍，促进有效的学术交流和信息传递。同时语言检测工具还能识别并标记文本中的敏感词汇和不当用语。这些词汇和用语包括粗俗语言、侮辱性言论、歧视性用词等，这些内容可能对校园环境造成负面影响，甚至引发纠纷和争议。通过设定预设的过滤规则和敏感词库，语言检测工具可以在文本发布前自动进行筛查，及时发现和拦截不适当内容，有效保障校园信息的安全性和师生的心理健康。

语言检测工具可以提供即时的反馈和警告机制。当检测到文本中存在语法错误或敏感词汇时，工具可以立即显示警告或建议修改的提示，引导作者进行及时的修正和改进。这种即时反馈不仅有助于作者在写作过程中提高语言表达的准确性和规范性，还能够培养他们对语言质量的自我意识和管理能力，促进个人语言素养的提升。除了自动化的检测功能，学校还应当定期更新和优化语言检测工具的检测规则和技术算法，以应对不断变化的语言使用形式和新兴的网络语言趋势。通过持续的技术升级和用户培训，可以确保语言检测工具在实际运行中的有效性和适用性，提升其在网络语言管理中的应用效果和效率。语言检测工具的部署还需结合用户教育和意识培养。学校可以通过举办语言质量管理的培训课程、定期组织学术写作指导讲座等方式，帮助师生理解和掌握正确的语言表达技巧和规范，进一步提升他们的语言素养和社交交往能力。这种综合性的管理措施不仅有助于规范校园语言环境，还能够培养学生的综合能力，为其未来的职业生涯和社会交往打下坚实的语言基础。

（三）在线监控和报告系统

在线监控和报告系统可以实时跟踪和记录校园内师生的网络语言使用情况。通过系统的数据采集和分析功能，管理人员可以了解每日、每周甚至每月的语言使用趋势，包括常见的语法错误、敏感词汇的使用频率、不适当用语的出现等。这些数据可以帮助学校全面了解校园语言环境的实际情况，识别存在的问题和挑战，为制定更具针对性的管理策略提供客观依据。在线监控和报告系统能够提供详尽的报告和分析功能，帮助管理人员评估语言管理政策的执行效果。通过系统生成的报告，管理人员可以定量分析不同时期和不同群体的语言使用情况变化，评估语言管理政策在实际操作中的有效性和影响力。例如，可以分析不同部门、不同学院或不同年级的语言使用差异，发现并解决特定群体可能存在的语言管理问题。

在线监控和报告系统可以帮助管理人员及时发现和应对潜在的语言管理风险和问题。系统可以设定预警机制，当检测到较严重的语言违规行为或不良语言现象时，自动向管理人员发出警示并生成报告，提醒管理人员及时介入和处理。这种即时的反馈和警示功能，有助于管理人员在问题尚未扩大或影响恶化之前，采取有效的纠正措施和预防措施，保障校园语言环境的稳定和健康。除了监控和报告功能，系统还应支持数据的长期存储和跟踪分析。通过建立长期的数据积累和趋势分析，学校可以更深入地理解语言管理的长期效果和影响，为未来的政策调整和决策制定提供科学依据。例如，可以跟踪特定语言管理措施实施后的改善情况，评估其对校园文化和教育环境的长期影响。为了确保在线监控和报告系统的有效实施和应用，学校应注重系统的操作培训和技术支持。确保相关管理人员和技术人员具备操作系统的必要技能和知识，能够熟练使用系统的各项功能进行数据管理、分析和报告生成。同时，定期组织使用者培训和经验分享会，促进系统的有效利用和最佳实践的传播，进一步提升语言管理工作的效率和效果。

第四节　高职院校网络语言规范使用的教育与引导

一、高职院校网络语言规范使用的教育

（一）课堂教育与指导

在高职院校的教育环境中，教师在课堂上的角色不仅是传授学术知识，也包括引导学生在不同场合使用适当的语言和表达方式。特别是在如今网络语言流行的背景下，教师有责任帮助学生理解和区分网络语言与正式语言之间的差异，并指导他们在正式场合中如何使用合适的语言。教师可以通过明确的指导，让学生意识到正式场合对语言表达的要求。在课堂上，教师可以使用实际案例和场景模拟，让学生感受到不同语言风格的适用性。例如，教师可以组织角色扮演活动或模拟面试，要求学生在这些情境下使用标准的正式语言，从而帮助他们建立起适应不同场合的语言意识和能力。通过讨论网络语言和正式语言的差异，教师可以帮助学生深入理解语言的多样性和灵活运用。教师可以解释网络语言常见的缩略语、俚语和表达方式，同时强调这些语言风格在正式场合可能显得不当或不专业的原因。通过分析实际例子，如在学术论文、正式演讲或职业交流中的语言使用，学生可以更清楚地理解何时何地应该避免使用网络语言，而应选择更为正式和准确的表达方式。教师可以设计练习和任务，帮助学生提升正式语言的运用能力。这些练习可以包括书面作业、口头演讲、团队讨论等形式，要求学生在这些活动中使用规范的语言表达。例如，要求学生在撰写实验报告或参与学术讨论时，使用符合学术规范和行业标准的表达方式，以培养他们的专业素养和沟通能力。

教师可以借助技术手段，如在线学习平台或课堂互动工具，促进学

生对语言规范的理解和实践。教师可以提供即时反馈和个性化指导，帮助学生改进他们的语言表达能力，并纠正他们在使用网络语言时可能出现的不当习惯。教师在教育过程中的关键是激发学生对语言规范的自觉性和重视。通过正面的引导和示范，教师能够帮助学生意识到语言选择对他们职业发展和社交交往的重要性。这种教育不仅是为了培养学生的学术能力，也是为了塑造他们成为能够适应不同社会环境、具备全面沟通能力的专业人才。

（二）编写和交流指南

学校可以明确哪些场合适合使用网络语言。例如，在非正式的社交媒体平台上或是学生间的非正式讨论中，网络语言可以被允许和鼓励使用。这些平台通常是学生自由表达和交流的场所，使用网络语言可以增强互动的轻松性和趣味性，有利于学生间的情感交流和社群建设。该指南应明确哪些场合需要避免或限制使用网络语言。特别是在教育活动、学术研究、官方文件和正式演讲等正式场合，学校应鼓励使用标准的正式语言和专业术语。例如，在学术论文、实验报告和正式会议中，使用准确、清晰且符合学术规范的语言可以提升信息传达的精确性和专业性，有利于学术成就的评估和交流效果的提升。

指南可以针对不同的场景和受众群体制定具体的使用原则和建议。例如，对学生在参加招聘会、实习面试或企业交流时的语言规范，学校可以提供详细的指导，帮助他们准确地表达个人能力和职业素养，从而增加就业竞争力。除了规范学生的语言使用，学校指南还应包括教职员工的角色和责任。教师和工作人员在进行学术指导、学生评估和行政管理时，应以身作则，使用专业且适当的语言，为学生树立良好的榜样和行为准则。学校可以通过定期的培训和沟通活动，强化网络语言使用指南的宣传和落实。通过与学生、教职员工的讨论和反馈，不断完善和更新指南内容，确保其符合时代发展和校园实际需求。学校在制定和推广网络语言使用指南时，应注重平衡规范性与灵活性。尊重和包容学生在非正式场合使用网络语言的习惯，同时强调在正式场合选择适当语言表达的重要性，有助于建立积极的校园文化和有效的学术交流环境。

（三）校园文化活动的引导

学校有责任引导学生创新使用网络语言，同时也要保持活动的公共形象和正面影响力。这既是对学生创意和表达自由的尊重，也是对校园文化建设和社会责任的双重考量。校园文化活动是学生展示才华和创造力的重要平台。学校可以鼓励学生在表演、展览、比赛和社团活动中创新使用网络语言。例如，在音乐会或戏剧表演中，学生可以结合流行的网络词汇或短语，增加作品的现代感和观赏性，吸引更多观众的关注和参与。学校在引导学生使用网络语言时，需要注意文化活动的公共形象和影响力。尽管网络语言通常具有生动活泼和时尚前卫的特点，但也存在一些不适宜在公共场合使用的表达方式或内容。因此，学校可以设立指导原则，帮助学生区分在文化活动中何时可以使用网络语言，何时应避免或限制使用。例如，要求学生在演讲或文艺汇演中使用正式和得体的语言，以保持活动的专业性和社会接受度。

学校可以通过培训和指导，加强学生对网络语言使用的意识和责任感。通过课堂讨论、工作坊或讲座，教师可以与学生讨论网络语言的特点、适用场合及其对个人和群体形象的影响。这不仅有助于学生理解语言的多样性和适用性，还能够提升他们的语言选择能力和文化活动参与的自觉性。同时学校还可以借助学生社团和活动组织者的力量，推广和落实网络语言使用的规范。通过社团领导和活动策划者的示范作用，引导学生在文化活动中应用创新的网络语言，同时避免过度夸张或不当使用，保持活动的良好形象和参与者的良好体验。学校在引导校园文化活动中网络语言使用的同时，应注重平衡创新和规范的关系。在尊重学生创意和个性表达的同时，确保活动的文化价值和社会责任，是学校在文化活动管理和指导中需要综合考虑的因素。

二、高职院校网络语言规范使用的引导

（一）教师的示范和引导

教师通过自身的语言表达和行为，可以为学生树立良好的语言榜样。在课堂上，教师应注重语言的精准性和适当性，避免使用不当或不规范的语言表达。例如，在讲授学术知识或主持讨论时，教师应选择正式、清晰且具有权威性的语言，以展示专业素养和学术严谨性。教师可以通过实际案例和情景模拟，帮助学生理解何时何地应该选择合适的语言和表达方式。通过角色扮演、模拟演练或小组讨论，教师可以引导学生在模拟面试、正式演讲或学术交流中使用规范的语言表达。这种实践不仅有助于学生在特定场合下的语言准备和应对能力，也可以提升他们的职业素养和沟通技巧。

教师还可以通过课堂讨论和反馈，与学生共同探讨网络语言与正式语言之间的差异和适用性。教师可以引导学生分析和评估不同语言风格的优缺点，并帮助他们理解在不同社交环境和职业场合中选择合适语言的重要性。这种讨论不仅可以促进学生的语言思维和分析能力，还可以增强他们对语言选择的自觉性和责任感。同时教师还可以利用技术手段如在线学习平台或课堂互动工具，提供个性化的语言指导和反馈。通过实时的语言评估和定制化的语言练习，教师可以帮助学生识别和改进在语法、拼写和语言风格上的问题，从而提升他们的语言表达能力和专业形象。教师在课堂教学中的语言引导，不仅是教育内容的传递，也是学生综合素质的培养和职业发展的支持。通过成为良好语言使用的榜样和积极引导学生语言规

范的实践，教师可以为学生在未来的学术生涯和职业生涯中打下坚实的基础，使他们具备适应多样化社会环境和交流需求的能力。

（二）开展专题教育活动和讨论

开展专题教育活动可以引导学生深入探讨网络语言的定义和特点。学校可以通过讲座、研讨会或专家讲解，介绍网络语言的发展历程、主要特征（如缩略语、表情符号、流行词汇等）以及其在不同社交媒体平台上的应用。这有助于学生理解网络语言与传统书面语言的区别，以及它们在现代通信和社交互动中的重要性。讨论会可以帮助学生分析网络语言对个体和社会的影响。通过案例分析和实例展示，学生可以了解不同语言风格对信息传递效率、沟通效果和社会认同感的影响。例如，讨论网络语言在促进信息传播和文化交流中的作用，以及在职业环境中的适用性和局限性，能够让学生深刻认识语言选择的战略性和社会意义。

教育引导的重点之一是增强学生对语言使用的自我认知和管理能力。通过小组讨论、角色扮演和案例分析，学校可以引导学生思考何时何地应该选择适当的语言表达方式。例如，模拟职场情境中的沟通和解决方案，帮助学生理解在正式会议、面试或学术交流中如何使用规范和专业的语言，以及如何避免使用可能不当的网络语言表达。同时学校还可以通过学生作品展示和竞赛活动，鼓励学生运用规范的语言表达进行创作和演示。例如，举办网络语言创意写作比赛或演讲比赛，既可以激发学生的创造力和表达欲望，又能够通过评委的专业反馈和意见，帮助他们提升语言表达的准确性和说服力。专题教育活动或讨论会的成功实施需要全校师生的共同参与和支持。学校可以通过设立在线平台或校园活动中心，推广和分享相关资料和资源，以便学生在课外时间继续学习和探索网络语言的规范使用。

（三）开展多样化的教育活动

设计和引导专注于网络语言的创新与运用，是促进学生创造力和文化传播的重要途径。这种活动不仅能够丰富校园文化生活，还能够培养学生的艺术表达能力和社会责任感。校园文化活动可以包括音乐会、戏剧表演、艺术展览和文化节庆等多种形式。学校可以鼓励学生结合现代网络语言的特点，创作和演绎富有创意和时代感的作品。例如，在音乐表演中融入流行的网络词汇或短语，可以增强作品的现代感和观众的互动性，吸引更多学生和教职员工的参与和关注。在设计这些活动时，学校需要明确要求学生在艺术表达和文化传播中保持语言的规范性和适当性。尽管鼓励创新和个性化的表达方式，但学校也应提醒学生在公共场合避免使用可能冒犯或引起误解的网络语言表达。通过设置审查和指导机制，学校可以确保参与者在文化活动中的表达方式符合基本的社会礼仪和专业形象的要求。

教育引导的重点在于帮助学生理解创新与规范的平衡。通过课堂教学、工作坊和实践项目，教师可以与学生讨论网络语言的语法特点、语言习惯及其在不同社交情境中的适用性。例如，通过分析不同文化活动中语言使用的案例，学生可以学习如何在表达个性和传递信息之间找到平衡，同时尊重交流方和社会的接受度。同时学校还可以利用学生社团和文化团体的力量，推动网络语言创新和运用的实践。通过支持学生自主组织和参与的方式，学校可以激发学生的创作激情和团队合作精神，同时引导他们在文化活动中运用合适的语言表达，展示个人才华和团队协作成果。学校在设计和引导网络语言创新活动时，应注重跨学科和跨文化的交流与合作。通过与其他学科和院系的合作，如艺术学、传媒学和语言学等，学校可以提供多样化的教育和学习机会，促进学生综合素质的发展和学术交流的深化。

参考文献

［1］徐默凡.网络语言暴力的界定方法和治理对策［J］.青年记者，2023
　　（17）：75–76.

［2］关志英.浅谈网络语言的实践路径及其健康发展［J］.名家名作，
　　2023（25）：158–160.

［3］姚楷强.网络语言对现代汉语的意义及影响分析［J］.散文百家（理
　　论），2020（05）：122–123.

［4］杨涛.浅谈网络语言对中学语文教学的影响［J］.山西青年，2020
　　（04）：140–141.

［5］曹茜.网络语言暴力符号的生成轨迹及其应对策略探究［J］.时代报
　　告，2019（09）：134–136.

［6］王美森.论新时代网络语言对汉语言文学发展的影响［J］.高考，
　　2019（05）：256.

［7］周蕴真.网络语言对汉语言文学发展的影响及意义［J］.佳木斯职业
　　学院学报，2018（12）：345–346.

［8］张雅堃.浅谈网络时代的现代语言［J］.文教资料，2018（16）：
　　48–49.

［9］滕德铃.浅析当代网络语言的特点及成因［J］.汉字文化，2021（15）：
　　22–23.

［10］许瑞，孙静，王利娜.自媒体时代网络语言特点及其影响［J］.记者
　　　摇篮，2020（12）：109–110.

［11］薛新萍.网络语言对高职院校学生影响力研究［J］.文学教育（下），2021（08）：51-53.

［12］李金静.新媒体语境下网络语言的传播研究［J］.新楚文化，2024（03）：72-74.

［13］樊超.新媒体视域下网络语言对汉语言文学的冲击及应对研究［J］.新楚文化，2024（03）：75-77.

［14］鲁佑文，李德.社交媒体中谐音的形成机制及影响［J］.现代传播（中国传媒大学学报），2023，45（12）：152-160.

［15］霍元杰.网络流行语的演变研究（2012-2022）［D］.长春：吉林大学，2023.

［16］殷向宏.网络语言传播政治理论的机制分析［J］.改革与开放，2019（04）：53-55.

［17］杨玉华.高职生网络社交现状调查与分析［J］.湖北职业技术学院学报，2023，26（03）：39-43.

［18］王笑如.高职学生网络流行语的使用及态度调查研究［J］.科学咨询（科技·管理），2023（07）：148-150.

［19］陈振兴.高职院校学生语言文字应用能力培养研究［J］.黄冈职业技术学院学报，2021，23（03）：60-62.

［20］李奕霏.新媒体时代网络语言对汉语言文学的影响研究［J］.时代报告（奔流），2024，（02）：19-21.